KuKu 4

Kultur-Kuriosa

Manfred Freiherr von Richthofen

Der rote Kampfflieger

von Rittmeister
Manfred Freiherrn von Richthofen

Mit zahlreichen Abbildungen
und einer Studie
von Friedrich Wilhelm Korff

Matthes & Seitz Verlag
München

Friedrich Wilhelm Korff, geb. 1939.
Privatdozent am philosophischen Seminar der Technischen Universität Hannover. Wissenschaftliche, essayistische und erzählerische Publikationen in verschiedenen Zeitschriften.
»Diastole und Systole/Zum Thema Jean Paul und Adalbert Stifter«, Bern, 1969. »Der Katarakt von San Miguel. 24 Geschichten«, München, 1974.

Alle Rechte vorbehalten. Lizenzausgabe mit Genehmigung der Verlag Ullstein GmbH, Frankfurt/Main–Berlin–Wien. © by Verlag Ullstein GmbH. © 1977 by Matthes & Seitz Verlag GmbH, Dietlindenstraße 14, 8000 München 40, für F. W. Korff: Richthofen. Die Neuausgabe »Der rote Kampfflieger« folgt der 1. Auflage, Berlin 1917. Bildauswahl und Dokumentation von F. W. Korff. Gesamtherstellung: Kösel, Kempten. Printed in Germany. ISBN 3 88221 004 4

Inhalt

Einiges von meiner Familie

Die Familie Richthofen hat sich in den bisherigen Kriegen an führender Stelle eigentlich verhältnismäßig wenig betätigt, da die Richthofens immer auf ihren Schollen gesessen haben. Einen Richthofen, der nicht angesessen war, gab es kaum. War er's nicht, so war er meistenteils in Staatsdiensten. Mein Großvater, und von da ab alle meine Vorväter, saßen in der Gegend von Breslau und Striegau auf ihren Gütern. Erst in der Generation meines Großvaters wurde ein Vetter meines Großvaters als erster Richthofen General.

In der Familie meiner Mutter, einer geborenen von Schickfuß und Neudorf, ist es ähnlich wie bei den Richthofens: wenig Soldaten, nur Agrarier. Der Bruder meines Urgroßvaters Schickfuß fiel 1806. In der Revolution 1848 wurde einem Schickfuß eines seiner schönsten Schlösser abgebrannt. Im übrigen haben sie's alle bloß bis zum Rittmeister der Reserve gebracht.

Auch in der Familie Schickfuß sowohl wie Falckenhausen – meine Großmutter ist eine Falckenhausen – kann man nur zwei Hauptinteressen verfolgen. Das ist Reiten, siehe Falckenhausen, und Jagen, siehe den Bruder meiner Mutter, Onkel Alexander Schickfuß, der sehr

7

viel in Afrika, Ceylon, Norwegen und Ungarn gejagt hat.

Mein alter Herr ist eigentlich der erste in unserem Zweig, der auf den Gedanken kam, aktiver Offizier zu werden. Er kam früh ins Kadettenkorps und trat später von dort bei den 12. Ulanen ein. Er ist der pflichttreueste Soldat, den man sich denken kann. Er wurde schwerhörig und mußte den Abschied nehmen. Seine Schwerhörigkeit holte er sich, wie er einen seiner Leute bei der Pferdeschwemme aus dem Wasser rettete und nachher seinen Dienst beendete, ohne die Kälte und Nässe zu berücksichtigen.

Unter der heutigen Generation sind natürlich sehr viel mehr Soldaten. Im Kriege ist jeder waffenfähige Richthofen bei der Fahne. So verlor ich gleich zu Anfang des Bewegungskrieges sechs Vettern verschiedenen Grades. Alle waren Kavalleristen.

Genannt bin ich nach einem großen Onkel Manfred, in Friedenszeiten Flügeladjutant Seiner Majestät und Kommandeur der Gardedukorps, im Kriege Führer eines Kavalleriekorps.

Nun noch von meiner Jugend. Der alte Herr stand in Breslau bei den Leibkürassieren I, als ich am 2. Mai 1892 geboren wurde. Wir wohnten in Kleinburg. Ich hatte Privatunterricht bis zu meinem neunten Lebensjahre, dann ein Jahr Schule in Schweidnitz, später wurde ich Kadett in Wahlstatt. Die Schweidnitzer betrachteten mich aber durchaus als ein Schweidnitzer Kind. Im Kadettenkorps für meinen jetzigen Beruf vorbereitet, kam ich dann zum I. Ulanenregiment.

Was ich selbst erlebte, steht in diesem Buch.

Mein Bruder Lothar ist der andere Flieger Richthofen. Ihn schmückt der Pour le mérite. Mein jüngster Bruder ist noch im Kadettenkorps und wartet sehnsüchtig darauf, sich gleichfalls zu betätigen. Meine Schwester ist, wie alle Damen unseres Familienkreises, in der Pflege der Verwundeten tätig.

Meine Kadettenzeit
(1903–1909 Wahlstatt, 1909–1911 Lichterfelde)

Als kleiner Sextaner kam ich in das Kadettenkorps. Ich war nicht übermäßig gerne Kadett, aber es war der Wunsch meines Vaters, und so wurde ich wenig gefragt.

Die strenge Zucht und Ordnung fiel einem so jungen Dachs besonders schwer. Für den Unterricht hatte ich nicht sonderlich viel übrig. War nie ein großes Lumen. Habe immer so viel geleistet, wie nötig war, um versetzt zu werden. Es war meiner Auffassung nach nicht mehr zu leisten, und ich hätte es für Streberei angesehen, wenn ich eine bessere Klassenarbeit geliefert hätte als »genügend«. Die natürliche Folge davon war, daß mich meine Pauker nicht übermäßig schätzten. Dagegen gefiel mir das Sportliche: Turnen, Fußballspielen usw., ganz ungeheuer. Es gab, glaube ich, keine Welle, die ich am Turnreck nicht machen konnte. So bekam ich bald einige Preise von meinem Kommandeur verliehen.

Alle halsbrecherischen Stücke imponierten mir mächtig. So kroch ich z. B. eines schönen Tages mit meinem Freunde Frankenberg auf den bekannten Kirchturm von Wahlstatt am Blitzableiter herauf und band oben ein Taschentuch an. Genau weiß ich noch, wie schwierig es war, an den Dachrinnen vorbeizukommen. Mein Taschentuch habe ich, wie ich meinen kleinen Bruder einmal besuchte, etwa zehn Jahr später, noch immer oben hängen sehen.

Mein Freund Frankenberg war das erste Opfer des Krieges, das ich zu Gesicht bekam.

In Lichterfelde gefiel es mir schon bedeutend besser. Man war nicht mehr so abgeschnitten von der Welt und fing auch schon an, etwas mehr als Mensch zu leben.

Meine schönsten Erinnerungen aus Lichterfelde sind die großen Korsowettspiele, bei denen ich sehr viel mit und gegen den Prinzen Friedrich Karl gefochten habe. Der Prinz erwarb sich damals so manchen ersten Preis. So im Wettlauf, Fußballspiel usw. gegen mich, der ich meinen Körper doch nicht so in der Vollendung trainiert hatte wie er.

Eintritt in die Armee
(Ostern 1911)

Natürlich konnte ich es kaum erwarten, in die Armee eingestellt zu werden. Ich ging deshalb bereits nach meinem Fähnrichexamen in die Front und kam zum Ulanenregiment Nr. 1 »Kaiser Alexander III.«. Ich hatte mir dieses Regiment ausgesucht; es lag in meinem lieben Schlesien, auch hatte ich da einige Bekannte und Verwandte, die mir sehr dazu rieten.

Der Dienst bei meinem Regiment gefiel mir ganz kolossal. Es ist eben doch das schönste für einen jungen Soldaten »Kavallerist« zu sein.

Über meine Kriegsschulzeit kann ich eigentlich wenig sagen. Sie erinnerte mich zu sehr an das Kadettenkorps und ist mir infolgedessen in nicht allzu angenehmer Erinnerung.

Eine spaßige Sache erlebte ich. Einer meiner Kriegsschullehrer kaufte sich eine ganz nette dicke Stute. Der einzige Fehler war, sie war schon etwas alt. Er kaufte sie für fünfzehn Jahre. Sie hatte etwas dicke Beine. Sonst aber sprang sie ganz vortrefflich. Ich habe sie oft geritten. Sie ging unter dem Namen »Biffy«.

Etwa ein Jahr später beim Regiment erzählte mir mein Rittmeister v. Tr., der sehr sportliebend war, er habe sich ein ganz klobiges Springpferd gekauft. Wir waren alle sehr gespannt auf den »klobigen Springer«, der den seltenen Namen »Biffy« trug. Ich dachte nicht mehr an die alte Stute meines Kriegsschullehrers. Eines schönen Tages kommt das Wundertier an, und nun soll man sich das Erstaunen vorstellen, daß die gute alte »Biffy« als achtjährig in dem Stall v. Tr.s sich wieder einfand. Sie hatte inzwischen einige Male den Besitzer gewechselt und war im Preise sehr gestiegen. Mein Kriegsschullehrer hatte sie für fünfzehnhundert Mark gekauft, und v. Tr. hatte sie nach einem Jahr als achtjährig für dreitausendfünfhundert Mark erworben. Gewonnen hat sie keine Springkonkurrenz mehr, aber sie hat wieder einen Abnehmer gefunden – und ist gleich zu Beginn des Krieges gefallen.

Erste Offizierszeit
(Herbst 1912)

Endlich bekam ich die Epaulettes. So ungefähr das stolzeste Gefühl, was ich je gehabt habe, mit einem Male »Herr Leutnant« angeredet zu werden.

Mein Vater kaufte mir eine sehr schöne Stute, »Santuzza« genannt. Sie war das reinste Wundertier und unverwüstlich. Ging vor dem Zuge wie ein Lamm. Allmählich entdeckte ich in ihr ein großes Springvermögen. Sofort war ich dazu entschlossen, aus der guten braven Stute ein Springpferd zu machen. Sie sprang ganz fabelhaft. Ein Koppelrick von einem Meter sechzig Zentimeter habe ich mit ihr selbst gesprungen.

Ich fand große Unterstützung und viel Verständnis bei meinem Kameraden von Wedel, der mit seinem Chargenpferd »Fandango« so manchen schönen Preis davongetragen hatte.

So trainierten wir beide für eine Springkonkurrenz und einen Geländeritt in Breslau. »Fandango« machte sich glänzend, »Santuzza« gab sich große Mühe und leistete auch Gutes. Ich hatte Aussichten, etwas mit ihr zu schaffen. Am Tage, bevor sie verladen wurde, konnte ich es mir nicht verkneifen, nochmals alle Hindernisse in unserem Springgarten mit ihr zu nehmen. Dabei schlitterten wir hin. »Santuzza« quetschte sich etwas ihre Schulter, und ich knaxte mir mein Schlüsselbein an.

Von meiner guten dicken Stute »Santuzza« verlangte ich im Training auch Leistungen auf Geschwindigkeit und war sehr erstaunt, als von Wedels Vollblüter sie schlug.

Ein andermal hatte ich das Glück, bei der Olympiade in Breslau einen sehr schönen Fuchs zu reiten. Der Geländeritt fing an, und mein Wallach war im zweiten Drittel noch ganz und munter, so daß ich Aussichten auf Erfolg hatte. Da kommt das letzte Hindernis. Ich sah schon von weitem, daß dies etwas ganz Besonderes sein mußte, da sich eine Unmenge Volks dort angesammelt hatte. Ich dachte mir: »Nur Mut, die Sache wird schon schief gehen!« und kam in windender Fahrt den Damm heraufgesaust, auf dem ein Koppelrick stand. Das Publikum winkte mir immer zu, ich sollte nicht so schnell reiten, aber ich sah und hörte nichts mehr. Mein Fuchs nimmt das Koppelrick oben auf dem Damm, und zu meinem größten Erstaunen geht's auf der anderen Seite in die Weistritz. Ehe ich mich versah, springt das Tier in einem Riesensatz den Abhang herunter, und Roß und Reiter verschwinden in den Fluten. Natürlich gingen wir »über Kopf«. »Felix« kam auf dieser Seite raus und Manfred auf der anderen. Beim Zurückwiegen nach Schluß des Geländerittes stellte man mit großem Erstaunen fest, daß ich nicht die üblichen zwei Pfund abgenommen

15

hatte, sondern zehn Pfund schwerer geworden war. Daß ich glitschenaß war, sah man mir Gott sei Dank nicht an.

Ich besaß auch einen sehr guten Charger, und dieses Unglückstier mußte alles machen. Rennen, laufen, Geländeritte, Springkonkurrenzen, vor dem Zuge gehen, kurz und gut, es gab keine Übung, in der das gute Tier nicht ausgebildet war. Das war meine brave »Blume«. Auf ihr hatte ich sehr nette Erfolge. Mein letzter ist der im Kaiserpreis-Ritt 1913. Ich war der einzige, der die Geländestrecke ohne Fehler überwunden hatte. Mir passierte dabei die Sache, die nicht so leicht nachgemacht werden wird. Ich galoppierte über eine Heide und stand plötzlich Kopf. Das Pferd war in ein Karnickelloch getreten, und ich hatte mir beim Sturz das Schlüsselbein gebrochen. Damit war ich noch siebzig Kilometer geritten, hatte dabei keinen Fehler gemacht und die Zeit innegehalten.

Kriegsausbruch

In allen Zeitungen stand weiter nichts als dicke Romane über den Krieg. Aber seit einigen Monaten war man ja schon an das Kriegsgeheul gewöhnt. Wir hatten schon so oft unseren Dienstkoffer gepackt, daß man es schon langweilig fand und nicht mehr an einen Krieg glaubte. Am wenigsten aber glaubten wir an einen Krieg, die wir die ersten an der Grenze waren, das »Auge der Armee«, wie seinerzeit mein Kommandierender uns Kavalleriepatrouillen bezeichnet hatte.

Am Vorabend der erhöhten Kriegsbereitschaft saßen wir bei der detachierten Schwadron, zehn Kilometer von der Grenze entfernt, in unserem Kasino, aßen Austern, tranken Sekt und spielten ein wenig. Wir waren sehr vergnügt. Wie gesagt, an einen Krieg dachte keiner.

Wedels Mutter hatte uns zwar schon einige Tage zuvor etwas stutzig gemacht; sie war nämlich aus Pommern erschienen, um ihren Sohn vor dem Kriege noch einmal zu sehen. Da sie uns in angenehmster Stimmung fand und feststellen mußte, daß wir nicht an Krieg dachten, konnte sie nicht umhin, uns zu einem anständigen Frühstück einzuladen.

Wir waren gerade sehr ausgelassen, als sich plötzlich die Tür öffnete und Graf Kospoth, der

Landrat von Öls, auf der Schwelle stand. Der Graf machte ein entgeistertes Gesicht.

Wir begrüßten den alten Bekannten mit einem Hallo! Er erklärte uns den Zweck seiner Reise, nämlich, daß er sich an der Grenze persönlich überzeugen wollte, was von den Gerüchten von dem nahen Weltkrieg stimme. Er nahm ganz richtig an, die an der Grenze müßten es eigentlich am ehesten wissen. Nun war er ob des Friedensbildes nicht wenig erstaunt. Durch ihn erfuhren wir, daß sämtliche Brücken Schlesiens bewacht würden und man bereits an die Befestigung von einzelnen Plätzen dachte.

Schnell überzeugten wir ihn, daß ein Krieg ausgeschlossen sei, und feierten weiter.

Am nächsten Tage rückten wir ins Feld.

Überschreiten der Grenze

Das Wort »Krieg« war uns Grenzkavalleristen zwar geläufig. Jeder wußte haarklein, was er zu tun und zu lassen hatte. Keiner hatte aber so eine rechte Vorstellung, was sich nun zunächst abspielen würde. Jeder aktive Soldat war selig, nun endlich seine Persönlichkeit und sein Können zeigen zu dürfen.

Uns jungen Kavallerieleutnants war wohl die interessanteste Tätigkeit zugedacht: aufklären, in den Rücken des Feindes gelangen, wichtige Anlagen zerstören; alles Aufgaben, die einen ganzen Kerl verlangen.

Meinen Auftrag in der Tasche, von dessen Wichtigkeit ich mich durch langes Studium schon seit einem Jahr überzeugt hatte, ritt ich nachts um zwölf Uhr an der Spitze meiner Patrouille zum erstenmal gegen den Feind.

Die Grenze bildete ein Fluß, und ich konnte erwarten, daß ich dort zum erstenmal Feuer bekommen würde. Ich war ganz erstaunt, wie ich ohne Zwischenfall die Brücke passieren konnte. Ohne weitere Ereignisse erreichten wir den mir von Grenzritten her wohlbekannten Kirchturm des Dorfes Kielcze am nächsten Morgen.

Ohne von einem Gegner etwas gemerkt zu haben oder vielmehr besser ohne selbst bemerkt

worden zu sein, war alles verlaufen. Wie sollte
ich es anstellen, daß mich die Dorfbewohner
nicht bemerkten? Mein erster Gedanke war, den
Popen hinter Schloß und Riegel zu setzen. So
holten wir den vollkommen überraschten und
höchst verdutzten Mann aus seinem Hause. Ich
sperrte ihn zunächst mal auf dem Kirchturm ins
Glockenhaus ein, nahm die Leiter weg und ließ
ihn oben sitzen. Ich versicherte ihm, daß, wenn
auch nur das geringste feindselige Verhalten der
Bevölkerung sich bemerkbar machen sollte, er
sofort ein Kind des Todes sein würde. Ein Posten
hielt Ausschau vom Turm und beobachtete die
Gegend.

Ich hatte täglich durch Patrouillenreiter Mel-
dungen zu schicken. So löste sich bald mein
kleines Häuflein an Meldereitern auf, so daß ich
schließlich den letzten Melderitt als Überbrin-
ger selbst übernehmen mußte.

Bis zur fünften Nacht war alles ruhig geblieben. In dieser kam plötzlich der Posten zu mir
zum Kirchturm gelaufen – denn in dessen Nähe
hatte ich meine Pferde hingestellt – und rief mir
zu: »Kosaken sind da!« Es war pechfinster,
etwas Regen, keine Sterne. Man sah die Hand
nicht vor den Augen.

Wir führten die Pferde durch eine schon
vorher vorsichtshalber durch die Kirchhofsmauer geschlagene Bresche auf das freie Feld. Dort
war man infolge der Dunkelheit nach fünfzig
Metern in vollständiger Sicherheit. Ich selbst

ging mit dem Posten, den Karabiner in der Hand, nach der bezeichneten Stelle, wo die Kosaken sein sollten.

Ich schlich an der Kirchhofsmauer entlang und kam an die Straße. Da wurde mir doch etwas anders zumute, denn der ganze Dorfausgang wimmelte von Kosaken. Ich guckte über die Mauer, hinter der die Kerle ihre Pferde stehen hatten. Die meisten hatten Blendlaternen und benahmen sich sehr unvorsichtig und laut. Ich schätzte sie auf etwa zwanzig bis dreißig. Einer war abgesessen und zum Popen gegangen, den ich am Tage vorher aus der Haft entlassen hatte.

Natürlich Verrat! zuckte es mir durchs Gehirn. Also doppelt aufpassen. Auf einen Kampf konnte ich es nicht mehr ankommen lassen, denn mehr als zwei Karabiner hatte ich nicht zur Verfügung. Also spielte ich »Räuber und Gendarm«.

Nach einigen Stunden Rast ritten die Besucher wieder von dannen.

Am nächsten Morgen zog ich es vor, jetzt aber doch einen kleinen Quartierwechsel vorzunehmen. Am siebenten Tage war ich wieder in meiner Garnison und wurde von jedem Menschen angestarrt, als sei ich ein Gespenst. Das kam nicht etwa wegen meines unrasierten Gesichts, sondern vielmehr weil sich Gerüchte verbreitet hatten, Wedel und ich seien bei Kalisch gefallen. Man wußte Ort, Zeit und nähere Umstände so haargenau zu erzählen, daß sich das Gerücht schon in ganz Schlesien verbreitet hatte. Selbst meiner Mutter hatte man bereits Kondolenzbesuche gemacht.

Es fehlte nur noch, daß eine Todesanzeige in der Zeitung stand.

*

Eine komische Geschichte ereignete sich zur selben Zeit. Ein Pferdedoktor bekam den Auftrag, mit zehn Ulanen Pferde aus einem Gehöft zu requirieren. Es lag etwas abseits, etwa drei Kilometer. Ganz erregt kam er von seinem Auftrag zurück und berichtete selber folgendes:

»Ich reite über ein Stoppelfeld, auf dem die Puppen stehen, worauf ich plötzlich in einiger Entfernung feindliche Infanterie erkenne. Kurz entschlossen ziehe ich den Säbel, rufe meinen Ulanen zu: ›Lanze gefällt, zur Attacke, marsch, marsch, hurra!‹ Den Leuten macht es Spaß, es beginnt ein wildes Hetzen über die Stoppeln. Die feindliche Infanterie entpuppt sich aber als ein Rudel Rehe, die ich in meiner Kurzsichtigkeit verkannt habe.«

Noch lange hatte der tüchtige Herr unter seiner Attacke zu leiden.

Nach Frankreich

In meinem Garnisonort wurden wir nun verladen. Wohin? – Keine Ahnung, ob West, Ost, Süd, Nord.

Gemunkelt wurde viel, meistens aber vorbei. Aber in diesem Fall hatten wir wohl den richtigen Riecher: Westen.

Uns stand zu viert ein Abteil zweiter Klasse zur Verfügung. Man mußte sich auf eine lange Bahnfahrt verproviantieren. Getränke fehlten natürlich nicht. Aber schon am ersten Tage merkten wir, daß so ein Abteil zweiter Klasse doch verflucht eng ist für vier kriegsstarke Jünglinge, und so zogen wir denn vor, uns etwas mehr zu verteilen. Ich richtete mir die eine Hälfte eines Packwagens zur Wohn- und Schlafstätte ein und hatte damit ganz entschieden etwas Gutes getan. Ich hatte Luft, Licht usw. Stroh hatte ich mir in einer Station verschafft, die Zeltbahn wurde darauf gedeckt. Ich schlief in meinem Schlafwagen so fest, als läge ich in Ostrowo in meinem Familienbett. Die Fahrt ging Tag und Nacht, erst durch ganz Schlesien, Sachsen, immer mehr gen Westen. Wir hatten scheinbar Richtung Metz; selbst der Transportführer wußte nicht, wo es hinging. Auf jeder Station, auch da, wo wir nicht hielten, stand ein Meer von Menschen, die uns mit Hurra und

Blumen überschütteten. Eine wilde Kriegsbegei-
sterung lag im deutschen Volk; das merkte man.
Die Ulanen wurden besonders angestaunt. Der
Zug, der vorher durch die Station geeilt war,
mochte wohl verbreitet haben, daß wir bereits
am Feinde gewesen waren – und wir hatten erst
acht Tage Krieg. Auch hatte im ersten Heeresbericht bereits mein Regiment Erwähnung gefunden. Ulanenregiment 1 und das Infanterieregi-
ment 155 eroberten Kalisch. Wir waren also die
gefeierten Helden und kamen uns auch ganz als
solche vor. Wedel hatte ein Kosakenschwert
gefunden und zeigte dies den erstaunten Mädchen. Das machte großen Eindruck. Wir behaup-
teten natürlich, es klebe Blut daran, und dichte-
ten dem friedlichen Schwert eines Gendarme-
riehäuptlings ein ganz ungeheures Märchen an.
Man war doch schrecklich ausgelassen. Bis wir
schließlich in Busendorf bei Diedenhofen ausgeladen wurden.

Kurz bevor der Zug ankam, hielten wir in
einem langen Tunnel. Ich muß sagen, es ist
schon ungemütlich, in einem Tunnel in Friedenszeiten plötzlich zu halten, besonders aber
im Kriege. Nun erlaubte sich ein Übermütiger
einen Scherz und gab einen Schuß ab. Es dauerte
nicht lange, so fing in diesem Tunnel ein wüstes
Geschieße an. Daß keiner verletzt wurde, ist ein
Wunder. Was die Ursache dazu war, ist nie
herausgekommen.

In Busendorf wurde ausgeladen. Es war eine

derartige Hitze, daß uns die Pferde umzufallen drohten. Die nächsten Tage marschierten wir immer nach Norden, Richtung Luxemburg. Mittlerweile hatte ich herausgekriegt, daß mein Bruder vor etwa acht Tagen dieselbe Strecke mit einer Kavalleriedivision geritten war. Ich konnte ihn sogar noch einmal fährten, gesehen habe ich ihn erst ein Jahr später.

In Luxemburg wußte kein Mensch, wie sich dieses Ländchen gegen uns verhielt. Ich weiß noch wie heute, wie ich einen Luxemburger Gendarm von weitem sah, ihn mit meiner Patrouille umzingelte und gefangennehmen wollte. Er versicherte mir, daß, wenn ich ihn nicht umgehend losließe, er sich beim Deutschen Kaiser beschweren würde. Das sah ich denn auch ein und ließ den Helden wieder laufen. So kamen wir durch die Stadt Luxemburg und Esch durch, und man näherte sich jetzt bedenklich den ersten befestigten Städten Belgiens.

Auf dem Hinmarsch machte unsere Infanterie, wie überhaupt unsere ganze Division, die reinen Friedensmanöver. Man war schrecklich aufgeregt. Aber so ein Manöver-Vorpostenbild war einem ab und zu ganz bekömmlich. Sonst hätte man ganz bestimmt über die Stränge geschlagen. Rechts und links, auf jeder Straße, vor und hinter uns marschierten Truppen von verschiedenen Armeekorps. Man hatte das Gefühl eines wüsten Durcheinanders. Plötzlich wurde aus dem Kuddelmuddel ein großartig funktionierender Aufmarsch.

Was unsere Flieger damals leisteten, ahnte ich nicht. Mich versetzte jedenfalls jeder Flieger in einen ganz ungeheuren Schwindel. Ob es ein deutscher war oder ein feindlicher, konnte ich nicht sagen. Ich hatte ja nicht einmal eine Ahnung, daß die deutschen Apparate Kreuze trugen und die feindlichen Kreise. Folglich wurde jeder Flieger unter Feuer genommen. Die alten Piloten erzählen heute noch immer, wie peinlich es ihnen gewesen sei, von Freund und Feind gleichmäßig beschossen zu werden.

Wir marschierten und marschierten, die Patrouillen weit voraus, bis wir eines schönen Tages bei Arlon waren. Es überlief mich ganz spaßig den Buckel 'runter, wie ich zum zweitenmal die Grenze überschritt. Dunkle Gerüchte von Franktireurs und dergleichen waren mir bereits zu Ohren gekommen.

*

Ich hatte einmal den Auftrag, die Verbindung mit meiner Kavalleriedivision aufzunehmen. Ich habe an diesem Tage nicht weniger als hundertundzehn Kilometer mit meiner gesamten Patrouille geritten. Nicht ein Pferd war kaputt, eine glänzende Leistung meiner Tiere. In Arlon bestieg ich nach den Grundsätzen der Taktik des Friedens den Kirchturm, sah natürlich nichts, denn der böse Feind war noch weitab.

Man war damals noch ziemlich harmlos. So hatte ich z. B. meine Patrouille vor der Stadt stehenlassen und war ganz allein mit einem Rade mitten durch die Stadt zum Kirchturm gefahren. Wie ich wieder 'runterkam, stand ich inmitten einer murrenden und murmelnden Menge feindselig blickender Jünglinge. Mein Rad war natürlich geklaut, und ich konnte nun eine halbe Stunde lang zu Fuß laufen. Aber das machte mir Spaß. Ich hätte so eine kleine Rauferei ganz gern gemocht. Ich fühlte mich mit meiner Pistole in der Hand ganz kolossal sicher.

Die Einwohner hatten sich, wie ich später erfahren habe, sowohl einige Tage vorher gegen unsere Kavallerie als auch später gegen unsere Lazarette sehr aufrührerisch benommen, und man hatte eine ganze Menge dieser Herren an die Wand stellen müssen.

*

Am Nachmittag erreichte ich mein Ziel und erfuhr dort, daß drei Tage vorher, ganz in der Gegend von Arlon, mein einziger Vetter Richthofen gefallen war. Ich blieb den Rest des Tages bei der Kavalleriedivision, machte dort noch einen blinden Alarm mit und kam nachts spät bei meinem Regiment an.

Man erlebte und sah eben mehr als die anderen, man war eben doch schon mal am Feind gewesen, hatte mit dem Feinde zu tun gehabt, hatte die Spuren des Krieges gesehen und wurde von jedem einer anderen Waffe beneidet. Es war doch zu schön, wohl doch meine schönste Zeit im ganzen Kriege. Den Kriegsanfang möchte ich wieder mal mitmachen.

Wie ich auf Patrouille zum erstenmal die Kugeln pfeifen hörte

(21./22. August 1914)

Ich hatte den Auftrag, festzustellen, wie stark die Besetzung eines großen Waldes bei Virton wohl sein mochte. Ich ritt mit fünfzehn Ulanen los und war mir klar: Heute gibt es den ersten Zusammenstoß mit dem Feinde. Mein Auftrag war nicht leicht, denn in so einem Walde kann furchtbar viel stecken, ohne daß man es sieht.

Ich kam über eine Höhe. Wenige hundert Schritte vor mir lag ein riesiger Waldkomplex von vielen tausend Morgen. Es war ein schöner Augustmorgen. Der Wald lag so friedlich und ruhig, daß man eigentlich gar keine kriegerischen Gedanken mehr spürte.

Jetzt näherte sich die Spitze dem Eingang des Waldes. Durch das Glas konnte man nichts Verdächtiges feststellen, man mußte also heranreiten und abwarten, ob man Feuer bekäme. Die Spitze verschwand im Waldweg. Ich war der nächste, neben mir ritt einer meiner tüchtigsten Ulanen. Am Eingang des Waldes war ein einsames Waldwärterhäuschen. Wir ritten daran vorbei. Mit einemmal fiel ein Schuß aus einem Fenster des Hauses. Gleich darauf noch einer.

Am Knall erkannte ich sofort, daß es kein Büchsenschuß war, sondern daß er von einer Flinte herrührte. Zur gleichen Zeit sah ich auch Unordnung in meiner Patrouille und vermutete gleich einen Überfall durch Franktireurs. Von den Pferden 'runter und das Haus umstellen war eins. In einem etwas dunkeln Raum erkannte ich vier bis fünf Burschen mit feindseligen Augen. Eine Flinte war natürlich nicht zu sehen. Meine Wut war groß in diesem Augenblick; aber ich hatte noch nie in meinem Leben einen Menschen getötet, und so muß ich sagen, war mir der Moment äußerst unbehaglich. Eigentlich hätte ich den Franktireur wie ein Stück Vieh 'runterknallen müssen. Er hatte mit dem Schuß eine Ladung Schrot in den Bauch eines meiner Pferde gejagt und einen meiner Ulanen an der Hand verletzt.

Mit meinem kümmerlichen Französisch schrie ich die Bande an und drohte, wenn sich der Schuldige nicht umgehend melden würde, sie allesamt über den Haufen zu schießen. Sie merkten, daß es mir Ernst war, und daß ich nicht zaudern würde, meinen Worten die Tat folgen zu lassen. Wie es nun eigentlich kam, weiß ich heute selbst nicht mehr. Jedenfalls waren die Freischützen mit einemmal aus der Hintertür heraus und vom Erdboden verschwunden. Ich schoß noch hinterher, ohne zu treffen. Zum Glück hatte ich das Haus umstellt, so daß sie mir eigentlich nicht entrutschen konnten. Sofort ließ ich das Haus nach ihnen durchstöbern, fand aber keinen mehr. Mochten nun die Posten hinter dem Haus nicht ordentlich aufgepaßt haben, jedenfalls war die ganze Bude leer. Wir fanden noch die Schrotspritze am Fenster stehend und mußten uns auf andere Weise rächen. In fünf Minuten stand das ganze Haus in Flammen.

Nach diesem Intermezzo ging es weiter.

An frischen Pferdespuren erkannte ich, daß unmittelbar vor uns starke feindliche Kavallerie marschiert sein mußte. Ich hielt mit meiner Patrouille, feuerte sie durch ein paar Worte an und hatte das Gefühl, daß ich mich auf jeden meiner Kerls unbedingt verlassen konnte. Jeder, so wußte ich, würde seinen Mann in den nächsten Minuten stehen. Natürlich dachte keiner an etwas anderes als an eine Attacke. Es liegt wohl im Blute eines Germanen, den Gegner, wo man ihn auch trifft, über den Haufen zu rennen, besonders natürlich feindliche Kavallerie. Schon sah ich mich an der Spitze meines Häufleins eine feindliche Schwadron zusammenhauen und war ganz trunken vor freudiger Erwartung. Meinen Ulanen blitzten die Augen. So ging es dann in flottem Trab auf der frischen Spur weiter. Nach einstündigem scharfem Ritt durch die schönste Bergschlucht wurde der Wald etwas lichter, und wir näherten uns dem Ausgang. Daß ich damit auf den Feind stoßen würde, war mir klar. Also Vorsicht! bei allem Attackenmut, der mich beseelte. Rechts von dem schmalen Pfad war eine viele Meter hohe, steile Felsenwand. Zu meiner Linken war ein schmaler Gebirgsbach, dann eine Wiese von fünfzig Metern Breite, eingefaßt von Stacheldrähten. Mit einem Male hörte die Pferdespur auf und verschwand über eine Brücke in den Büschen. Meine Spitze hielt, denn vor uns war der Waldausgang durch eine Barrikade versperrt.

Sofort war es mir klar, daß ich in einen Hinterhalt geraten war. Ich erkannte plötzlich Bewegung im Buschwerk hinter der Wiese zu meiner Linken und konnte abgesessene feindliche Kavallerie erkennen. Ich schätzte sie auf eine Stärke von hundert Gewehren. Hier war nichts zu wollen. Geradeaus war der Weg durch die Barrikade versperrt, rechts waren die Felswände, links hinderte mich die mit Draht eingefaßte Wiese an meinem Vorhaben, der Attacke. Zum Absitzen, um den Gegner mit Karabinern anzugreifen, war keine Zeit mehr. Also blieb nichts anderes übrig, als zurück. Alles hätte ich meinen guten Ulanen zutrauen können bloß kein Ausreißen vor dem Feinde. – Das sollte so manchem den Spaß verderben, denn eine Sekunde später knallte der erste Schuß, dem ein rasendes Schnellfeuer aus dem Walde drüben folgte. Die Entfernung betrug etwa fünfzig bis hundert Meter. Die Leute waren instruiert, daß sie, im Falle ich die Hand hob, schnell zu mir stoßen sollten. Nun wußte ich, wir mußten zurück, hob den Arm und winkte meinen Leuten zu. Das wögen sie wohl falsch verstanden haben. Meine Patrouille, die ich zurückgelassen hatte, glaubte mich in Gefahr und kam in wildem Caracho herangebraust, um mich herauszuhauen. Alles das spielte sich auf einem schmalen Waldweg ab, so daß man sich wohl die Schweinerei vorstellen kann, die sich nun ereignete. Meinen beiden Spitzenreitern gingen die Pferde infolge des rasenden Feuers in der engen Schlucht, wo der Laut jedes Schusses sich verzehnfachte, durch, und ich sah sie bloß die Barrikade mit einem Sprung nehmen. Von ihnen habe ich nie wieder etwas gehört. Gewiß sind sie in Gefangenschaft. Ich selbst machte kehrt und gab meinem guten »Antithesis«, wohl zum erstenmal in seinem Leben, die Sporen. Meinen Ulanen, die mir entgegenge-braust kamen, konnte ich nur mit Mühe und Not zu erkennen geben, nicht weiter vorzukom-men. Kehrt und davon! Neben mir ritt mein Bursche. Plötzlich stürzte sein Pferd getroffen, ich sprang darüber hinweg, um mich herum wälzten sich andere Pferde. Kurz und gut, es war ein wüstes Durcheinander. Von meinem Bur-schen sah ich nur noch, wie er unter dem Pferd lag, scheinbar nicht verwundet, aber durch das auf ihm liegende Pferd gefesselt. Der Gegner hatte uns glänzend überrumpelt. Er hatte uns wohl von Anfang an beobachtet und, wie es den Franzosen nun mal liegt, aus dem Hinterhalt seinen Feind zu überfallen, so hatte er es auch in diesem Fall wieder versucht.

Freude machte es mir, als nach zwei Tagen mit einemmal mein Bursche vor mir stand; allerdings zur Hälfte barfüßig, denn den einen Stiefel hatte er unter seinem Pferd gelassen. Er erzählte mir nun, wie er entkommen war: Mindestens zwei Schwadronen französischer Kürassiere waren später aus dem Walde gekommen, um die vielen gefallenen Pferde und tapferen Ulanen zu plündern. Er war gleich aufgesprungen, unverwundet die Felsenwand hinaufgeklettert und in fünfzig Metern Höhe vollständig erschöpft in einem Gebüsch zusammengebrochen. Nach etwa zwei Stunden, nachdem der Feind sich wieder in seinen Hinterhalt begeben hatte, hatte er seine Flucht fortsetzen können. Nach einigen Tagen gelangte er so wieder zu mir. Von dem Verbleib der anderen Kameraden konnte er wenig aussagen.

Patrouillenritt mit Loen

Die Schlacht von Virton war im Gange. Mein Kamerad Loen und ich hatten wieder einmal durch eine Patrouille festzustellen, wo der Feind geblieben war. Den ganzen Tag ritten wir hinter dem Feinde her, erreichten ihn schließlich und konnten eine ganz ordentliche Meldung verfassen. Abends war nun die große Frage: Wollen wir die Nacht durchreiten, um zu unserer Truppe zurückzukommen, oder unsere Kräfte schonen und uns für den nächsten Tag ausruhen? Das ist ja gerade das Schöne, daß der Kavalleriepatrouille vollständig freies Handeln überlassen sein muß.

So entschlossen wir uns, die Nacht am Feinde zu bleiben und am nächsten Morgen weiterzureiten. Unseren strategischen Blicken nach war der Gegner auf Rückmarsch, und wir drängten ihm nach. Folglich konnten wir die Nacht mit ziemlicher Ruhe verbringen.

Gar nicht weit vom Gegner lag ein wunderbares Kloster mit großen Ställen, so daß wir sowohl Loen als auch meine Patrouille einquartieren konnten. Allerdings saß der Gegner gegen Abend, wie wir dort unterzogen, noch so nahe dran, daß er uns mit Gewehrkugeln die Fensterscheiben hätte einschießen können.

Die Mönche waren überaus liebenswürdig.

Sie gaben uns zu essen und zu trinken, so viel wir haben wollten, und wir ließen es uns gut schmecken. Die Pferde wurden abgesattelt und waren auch ganz froh, wie sie nach drei Tagen und drei Nächten zum erstenmal ihre achtzig Kilo totes Gewicht von ihren Rücken loswurden. Mit anderen Worten, wir richteten uns so ein, als ob wir im Manöver bei einem lieben Gastfreund zu Abend wären. Nebenbei bemerkt, hingen drei Tage darauf mehrere von den Gastgebern an dem Laternenpfahl, da sie es sich nicht hatten verkneifen können, sich an dem Krieg zu beteiligen. Aber an dem Abend waren sie wirklich überaus liebenwürdig. Wir krochen in Nachthemden in unsere Betten, stellten einen Posten auf und ließen den lieben Herrgott einen guten Mann sein.

Nachts reißt plötzlich jemand die Tür auf, und die Stimme des Postens ertönt: »Herr Leutnant, die Franzosen sind da.« Ich war zu verschlafen, um überhaupt Antwort geben zu können. Loen ging es so ähnlich, und er stellte nur die geistreiche Frage: »Wieviel sind es denn?« Die Antwort des Postens, sehr aufgeregt: »Zwei haben wir schon totgeschossen; wieviel es sind, können wir nicht sagen, denn es ist stockfinster.« Ich höre Loen noch ganz verschlafen antworten: »Wenn also mehr kommen, dann weckst du mich.« Eine halbe Minute später schnarchten wir weiter.

Am nächsten Morgen stand die Sonne schon

recht hoch, als wir von unserem gesunden Schlaf erwachten. Nach einem reichlichen Frühstück ging die Reise wieder los.

Tatsächlich waren nachts an unserem Schloß die Franzosen vorbeimarschiert, und unsere Posten hatten während dieser Zeit einen Feuerüberfall auf sie gemacht. Da es aber stockfinster war, hatte sich keine größere Schlacht daraus entspinnen können.

Bald ging's in einem munteren Tal weiter. Wir ritten über das alte Schlachtfeld unserer Division und stellten mit Erstaunen fest, daß statt unserer Leute nur französische Sanitäter zu sehen waren. Französische Soldaten sah man auch noch ab und zu. Sie machten aber ebenso dumme Gesichter wie wir. An Schießen hatte keiner gedacht. Wir machten uns dann möglichst rasch dünne; denn wir kamen so sachte dahinter, daß wir, statt vorwärts zu gehen, uns etwas rückwärts konzentriert hatten. Zum Glück war der Gegner nach der anderen Seite ausgerissen, sonst säße ich jetzt irgendwo in Gefangenschaft.

Wir kamen durch das Dorf Robelmont, wo wir am Tage zuvor unsere Infanterie zum letztenmal in Stellung gesehen hatten. Dort trafen wir einen Einwohner und fragten ihn nach dem Verbleib unserer Soldaten. Er war sehr glücklich und versicherte mir, die Deutschen wären »partis«.

Wir kamen um eine Ecke und waren Zeugen

von folgendem komischen Bilde. Vor uns wimmelte es von roten Hosen – ich schätzte etwa fünfzig bis hundert –, die eifrigst bemüht waren, an einem Eckstein ihre Gewehre zu zerschlagen. Daneben stehen sechs Grenadiere, die, wie es sich herausstellte, die Brüder gefangengenommen hatten. Wir halfen ihnen noch, die Franzosen abzutransportieren, und erfuhren durch die sechs Grenadiere, daß wir nachts eine rückwärtige Bewegung angetreten hatten.

Am späten Nachmittag erreichte ich mein Regiment und war ganz zufrieden mit dem Verlauf der letzten vierundzwanzig Stunden.

Langeweile vor Verdun

Für einen so unruhigen Geist, wie ich einer bin, war meine Tätigkeit vor Verdun durchaus mit »langweilig« zu bezeichnen. Anfangs lag ich selbst im Schützengraben an einer Stelle, wo nichts los war; dann wurde ich Ordonnanzoffizier und glaubte, nun mehr zu erleben. Da hatte ich mich aber arg in die Finger geschnitten. Ich wurde vom Kämpfenden zum besseren Etappenschwein degradiert. So ganz Etappe war es noch nicht, aber das Weiteste, was ich mich vorwagen durfte, war fünfzehnhundert Meter hinter die vordere Linie. Dort saß ich wochenlang unter der Erde in einem bombensicheren, geheizten Unterstand. Ab und zu wurde ich mit nach vorn genommen. Das war eine große körperliche Anstrengung. Denn man ging bergauf, bergab, die Kreuz und die Quer', durch unendlich viele Annäherungsgräben und Schlammlöcher hindurch, bis man dann endlich vorn dort angekommen war, wo es knallte. Bei einem so kurzen Besuch bei den Kämpfenden kam ich mir immer sehr dumm vor mit meinen gesunden Knochen.

Man fing damals an, unter der Erde zu arbeiten. Wir waren uns noch gar nicht klar darüber, was es eigentlich heißt, einen Stollen bauen oder eine Sappe vorschieben. Man kannte die Namen zwar aus der Befestigungslehre von der

Kriegsschule her, aber das war nun mal Pionier-
arbeit, mit der sich ein anderer Sterblicher nicht
gern beschäftigt hätte. Aber dort vorn an der
Combres-Höhe buddelte alles emsig. Jeder hatte
ein Grabscheit und eine Hacke und gab sich
unendliche Mühe, möglichst tief in die Erde
hineinzukommen. Es war ganz spaßig, die Franzosen an manchen Stellen nur auf fünf Schritt
vor sich zu haben. Man hörte den Kerl sprechen,
man sah ihn Zigaretten rauchen, ab und zu warf
er ein Stück Papier herüber. Man unterhielt sich
mit ihnen, und trotzdem suchte man sich auf
alle möglichen Arten anzuärgern (Handgra-
naten).

Fünfhundert Meter vor und fünfhundert Meter hinter den Gräben war der dichte Wald der
Côte Lorraine abgemäht durch die unendlich
vielen Gewehrkugeln und Granaten, die dort
ständig durch die Luft sausten. Man würde nicht
glauben, daß dort vorn überhaupt noch ein
Mensch leben könnte. Die Truppe vorne empfand es gar nicht mal so schlimm wie die
Etappenleute.

Nach so einem Spaziergang, der meistenteils
in den allerzeitigsten Morgenstunden stattfand,
fing für mich wieder der langweiligere Teil des
Tages an, nämlich Telephonordonnanz zu spie-
len.

*

An meinen freien Tagen beschäftigte ich mich
mit meinem Lieblingshandwerk, dem Jagen.

Der Wald von La Chaussée bot mir dazu reichlich Gelegenheit. Ich hatte bei meinen Spazierritten Sauen gespürt und war nun damit beschäftigt, diese ausfindig zu machen und mich nachts anzusetzen. Schöne Vollmondnächte mit Schnee kamen mir zu Hilfe. Ich baute mir mit Hilfe meines Burschen Hochsitze an ganz bestimmten Wechseln und bestieg diese nachts. Da habe ich so manche Nacht auf Bäumen zugebracht und wurde morgens als Eiszapfen wieder vorgefunden. Aber es hatte sich gelohnt. Besonders eine Sau war interessant, sie kam jede Nacht durch den See geschwommen, brach an einer bestimmten Stelle in einen Kartoffelacker und schwamm dann wieder zurück. Es reizte mich natürlich besonders, dieses Tier näher kennenzulernen. So setzte ich mich denn an dem Ufer dieses Sees an. Wie verabredet, erschien die alte Tante um Mitternacht, um sich ihr Nachtmahl zu holen. Ich schoß, während sie noch im See schwamm, traf, und das Tier wäre mir beinahe versoffen, wenn ich nicht noch im letzten Moment hätte zugreifen können, um sie an einem Lauf festzuhalten.

Ein andermal ritt ich mit meinem Burschen in einer ganz schmalen Schneise, da wechseln vor mir mehrere Stück Schwarzwild über sie. Ich schnell 'runter, den Karabiner meines Burschen ergriffen und einige hundert Schritt vorgelaufen. Tatsächlich, da kam noch ein Kerl, und zwar ein mächtiger Keiler. Ich hatte noch nie einen Keiler gesehen und war nun sehr erstaunt, wie riesenhaft dieser Kerl aussah. Jetzt hängt er als Trophäe hier in meinem Zimmer; er ist eine schöne Erinnerung.

*

So hatte ich es schon einige Monate ausgehalten, da kam eines schönen Tages etwas Bewegung in unseren Laden. Wir beabsichtigten eine kleine Offensive an unserer Front. Ich freute mich mächtig, denn nun mußte ja doch eigentlich der Ordonnanzoffizier zu seinem Ordonnanzieren kommen! Aber Kuchen! Es wurde mir etwas ganz anderes zugedacht, und dieses schlug dem Faß den Boden aus. Nun schrieb ich ein Gesuch an meinen Kommandierenden General, und böse Zungen behaupten, ich hätte gesagt: »Liebe Exzellenz, ich bin nicht in den Krieg gezogen, um Käse und Eier zu sammeln, sondern zu einem anderen Zweck.« Man hat anfangs eigentlich auf mich einschnappen wollen, aber schließlich hat man mir meine Bitte gewährt, und so trat ich Ende Mai 1915 zur Fliegertruppe. So war mir mein größter Wunsch erfüllt.

Das erstemal in der Luft!

Morgens früh um sieben Uhr sollte ich zum erstenmal mitfliegen! Ich war in einer etwas begreiflichen Aufregung, konnte mir so gar nichts darunter vorstellen. Jeder, den ich fragte, schnurrte mir etwas anderes vor. Abends ging ich zeitiger schlafen als sonst, um am nächsten Morgen für den großen Moment frisch zu sein. Wir fuhren 'rüber auf den Flugplatz, ich setzte mich zum erstenmal in ein Flugzeug. Der Propellerwind störte mich ganz ungeheuer. Eine Verständigung mit dem Führer war mir nicht möglich. Alles flog mir weg. Nahm ich ein Stück Papier heraus, verschwand es. Mein Sturzhelm verrutschte sich, der Schal löste sich, die Jacke war nicht fest genug zugeknöpft, kurz und gut, es war kläglich. Ich war noch gar nicht darauf gefaßt, schon loszusausen, da gab bereits der Pilot Vollgas, und die Maschine fing an zu rollen. Immer schneller, immer schneller. Ich hielt mich krampfhaft fest. Mit einem Male hörte die Erschütterung auf, und die Maschine war in der Luft. Der Erdboden sauste unter mir weg.

Man hatte mir gesagt, wo ich hinfliegen sollte, d. h. also, wo ich meinen Führer hinzudirigieren hatte. Wir flogen erst ein Stück geradeaus, dann machte mein Führer kehrt, nochmal kehrt, rechtsum, mal linksum, und ich hatte über meinem eigenen Flughafen die Orientierung verloren. Keine Ahnung mehr, wo ich mich befand! Ich fing so sachte an, mir mal die Gegend unter mir anzusehen. Die Menschen winzig klein, die Häuser wie aus einem Kinderbaukasten, alles so niedlich und zierlich. Im Hintergrund lag Köln. Der Kölner Dom ein Spielzeug. Es war doch ein erhabenes Gefühl, über allem zu schweben. Wer konnte mir jetzt was anhaben? Keiner! Daß ich nicht mehr wußte, wo ich war, war mir ganz Wurscht, und ich war ganz traurig, als mein Pilot meinte, jetzt müßten wir landen.

Am liebsten wäre ich gleich wieder geflogen. Daß ich irgendwelche Beschwerden, wie etwa bei einer Luftschaukel, gehabt hätte, daran ist nicht zu denken. Die berühmten Amerikanischen Schaukeln sind mir, nebenbei gesagt, widerlich. Man fühlt sich unsicher darin, aber im Flugzeug hat man das unbedingte Gefühl der Sicherheit. Man sitzt ganz ruhig auf seinem Sessel. Daß einem schwindlig wird, ist ganz ausgeschlossen. Es gibt keinen Menschen, dem im Flugzeug je schwindlig geworden wäre. Aber es ist ein verdammter Nervenkitzel, so durch die Luft zu sausen, besonders nachher, als es wieder 'runterging, das Flugzeug nach vorn kippte, der Motor aufhörte zu laufen und mit einemmal eine ungeheure Ruhe eintrat. Ich hielt mich wieder krampfhaft fest und dachte natürlich: »Jetzt stürzt du.« Aber es ging alles so selbstverständlich und natürlich vor sich, auch das Landen, wie man wieder die Erde berührte, und alles war so einfach, daß einem das Gefühl der Angst absolut fehlte. Ich war begeistert und hätte den ganzen Tag im Flugzeug sitzen können. Ich zählte die Stunden bis zum nächsten Start.

Beobachtungsflieger
bei Mackensen

Am 10. Juni 1915 kam ich nach Großenhain, um von dort aus an die Front abgeschickt zu werden. Natürlich wollte ich recht schnell 'raus, denn ich hatte Angst, ich könnte zu dem Weltkrieg zu spät kommen. Flugzeugführer-Werden hätte drei Monate in Anspruch genommen. Bis dahin konnten wir schon längst Frieden haben; also kam es nicht in Frage. Als Beobachter mochte ich mich vielleicht in meiner Eigenschaft als Kavallerist ganz gut eignen; denn nach vierzehn Tagen schickte man mich bereits 'raus, zu meiner größten Freude an die einzige Stelle, wo wir noch Bewegungskrieg hatten, nämlich nach Rußland.

Mackensen ging gerade seinen Siegeszug. Er war bei Gorlice durchgebrochen, und ich kam dazu, wie wir Rawa Ruska nahmen. Ein Tag im Armee-Flugpark, dann kam ich zu der famosen Abt. 69, wo ich mir als Anfänger kolossal dämlich vorkam. Mein Führer war eine »Kanone« – Oberleutnant Zeumer –, jetzt auch schon krumm und lahm. Von den übrigen bin ich heute der einzige, der noch lebt.

Jetzt kommt eigentlich meine schönste Zeit. Sie hatte mit dem Kavalleristischen recht große Ähnlichkeit. Jeden Tag, vor- und nachmittags, konnte ich meine Aufklärung fliegen. Ich habe manche schöne Meldung nach Hause gebracht.

Mit Holck in Rußland

(Sommer 1915)

Juni, Juli, August 1915 blieb ich bei der Fliegerabteilung, die den ganzen Vormarsch Mackensens von Gorlice nach Brest-Litowsk mitmachte. Ich war als ganz junger Beobachter dort hingekommen und hatte von Tuten und Blasen keine Ahnung.

Als Kavallerist war ja meine Beschäftigung Aufklären, so schlug der jetzige Dienst in mein Fach, und ich hatte großen Spaß an den riesigen Aufklärungsflügen, die wir fast täglich unternahmen.

Für den Beobachter ist es wichtig, einen gesinnungstüchtigen Führer zu finden. Da hieß es eines schönen Tages: »Graf Holck ist auf dem Anmarsch zu uns.« Sofort kam mir der Gedanke: »Das ist der Mann, den du brauchst.«

Holck erschien nicht, wie man wohl glauben könnte, im 60-P.S.-Mercedes oder im Schlafwagen erster Klasse, sondern zu Fuß. Er war nach tagelanger Bahnfahrt endlich in die Gegend von Jaroslau gekommen. Dort stieg er aus, denn es war wieder mal ein unendlicher Aufenthalt. Seinem Burschen sagte er, er möchte mit dem Gepäck nachreisen, er würde vorausgehen. Er zieht los, und nach einer Stunde Fußmarsch guckt er sich um, aber kein Zug folgt ihm. So lief und lief er, ohne von seinem Zuge überholt zu werden, bis er schließlich nach fünfzig Kilometern in Rawa Ruska, seinem Ziel, ankam und vierundzwanzig Stunden später der Bursche mit dem Gepäck erschien. Das war dem Sportsmann aber weiter keine ungewohnte Arbeit. Sein Körper war derart trainiert, daß ihm fünfzig Kilometer Fußmarsch nichts weiter ausmachten.

Graf Holck war nicht bloß ein Sportsmann auf dem grünen Rasen, der Flugsport machte ihm allem Anschein nach nicht weniger Vergnügen. Er war ein Führer von seltener Befähigung, und besonders eben, was ja noch eine große Hauptsache ist, er war grob Klasse über dem Feind.

Manch schönen Aufklärungsflug flogen wir, wer weiß wie weit, Richtung Rußland. Nie hatte ich bei dem noch so jungen Piloten das Gefühl der Unsicherheit, vielmehr gab er mir im kritischen Moment einen Halt. Wenn ich mich umsah und in sein entschlossenes Gesicht blickte, hatte ich wieder nochmal so viel Mut wie vorher.

*

Mein letzter Flug mit ihm zusammen sollte beinahe schief gehen. Wir hatten eigentlich gar keinen bestimmten Auftrag zu fliegen. Das ist ja aber gerade das Schöne, daß man sich vollständig als freier Mensch fühlt und vollkommen sein eigener Herr ist, wenn man mal in der Luft ist.

Wir hatten einen Flughafenwechsel vorwärts und wußten nicht genau, welche Wiese nun eigentlich die richtige sei. Um unsere Kiste bei der Landung nicht unnötig aufs Spiel zu setzen, flogen wir Richtung Brest-Litowsk. Die Russen waren in vollem Rückmarsch, alles brannte – – ein grausig-schönes Bild. Wir wollten feindliche Kolonnen feststellen und kamen dabei über die brennende Stadt Wiczniace. Eine riesige Rauchwolke, die vielleicht bis auf zweitausend Meter hinaufreichte, hinderte uns am Weiterfliegen, da wir selbst, um besser zu sehen, nur in fünfzehnhundert Metern Höhe flogen. Einen Augenblick überlegte Holck. Ich fragte ihn, was er machen wollte, und riet ihm, drumherum zu fliegen, was vielleicht ein Umweg von fünf Minuten gewesen wäre. Aber daran dachte Holck gar nicht. Im Gegenteil: je mehr sich die Gefahr erhöhte, um so reizvoller war es ihm. Also mitten durch! Mir machte es auch Spaß, mit einem so schneidigen Kerl zusammen zu sein. Doch sollte uns unsere Unvorsichtigkeit bald teuer zu stehen kommen, denn kaum war der Schwanz des Apparates in der Wolke verschwunden, schon merkte ich ein Schwanken im Flugzeug. Ich konnte nichts mehr sehen, der Rauch biß mir in die Augen, die Luft war bedeutend wärmer, und ich sah unter mir bloß noch ein riesiges Feuermeer. Plötzlich verlor das Flugzeug das Gleichgewicht und stürzte, sich überschlagend in die Tiefe. Ich konnte noch schnell eine Strebe erfassen, um mich festzuhalten, sonst wäre ich 'rausgeschleudert worden. Das erste, was ich tat, war ein Blick in Holcks Gesicht. Schon hatte ich wieder Mut gefaßt, denn seine Mienen waren eisern zuversichtlich. Der einzige Gedanke, den ich hatte, war der: es ist doch dumm, auf so unnötige Weise den Heldentod zu sterben.

Später fragte ich Holck, was er sich eigentlich in dem Augenblick gedacht hätte. Da meinte er, daß ihm doch noch nie so eklig zumute gewesen sei.

Wir stürzten herunter bis auf fünfhundert Meter über die brennende Stadt. War es die Geschicklichkeit meines Führers oder höhere Fügung, vielleicht auch beides, jedenfalls waren wir plötzlich aus der Rauchwolke herausgefallen, der gute Albatros fing sich wieder und flog erneut geradeaus, als sei nichts vorgefallen.

Wir hatten nun doch die Nase voll von unserem Flughafenwechsel und wollten schleunigst zu unseren Linien zurückkehren. Wir waren nämlich noch immer weit drüben bei den Russen und zudem nur noch in fünfhundert Metern Höhe. Nach etwa fünf Minuten ertönte hinter mir die Stimme Holcks: »Der Motor läßt nach.«

Ich muß hinzufügen, daß Holck von einem Motor nicht ganz dieselbe Ahnung hatte wie von einem »Hafervergaser«, und ich selbst war vollständig schimmerlos. Nur eines wußte ich, daß, wenn der Motor nicht mehr mitmachte, wir bei den Russen landen mußten. Also kamen wir aus der einen Gefahr in die andere.

Ich überzeugte mich, daß die Russen unter uns noch flott marschierten, was ich aus fünfhundert Metern Höhe genau sehen konnte. Im übrigen brauchte ich gar nichts zu sehen, denn der Rußki schoß mit Maschinengewehren wie verfault. Es hörte sich an, als wenn Kastanien im Feuer liegen.

Der Motor hörte bald ganz auf zu laufen, er hatte einen Treffer. So kamen wir immer tiefer, bis wir gerade noch über einem Wald ausschwebten und schließlich in einer verlassenen Artilleriestellung landeten, die ich noch am Abend vorher als besetzte russische Artilleriestellung gemeldet hatte.

Ich teilte Holck meine Vermutung mit. Wir sprangen 'raus aus der Kiste und versuchten, das nahe Waldstückchen zu erreichen, um uns dort zur Wehr zu setzen. Ich verfügte über eine Pistole und sechs Patronen, Holck hatte nichts.

Am Waldrande angekommen, machten wir halt, und ich konnte mit meinem Glase erkennen, wie ein Soldat auf unser Flugzeug zulief. Zu meinem Schreck stellte ich fest, daß er eine Mütze trug und nicht eine Pickelhaube. Das hielt ich für ein sicheres Zeichen, daß es ein Russe sei. Als der Mann näher kam, stieß Holck einen Freudenschrei aus, denn es war ein preußischer Gardegrenadier.

Unsere Elitetruppe hatte wieder einmal die Stellung beim Morgengrauen gestürmt und war bis zu den feindlichen Batteriestellungen durchgebrochen.

*

Ich erinnere mich, daß Holck bei dieser Gelegenheit seinen kleinen Liebling, ein Hündchen verlor. Er nahm das Tierchen bei jedem Aufstieg mit, es lag ganz ruhig in seinem Pelz unten in der Karosserie. Im Walde hatten wir es noch mit. Kurz darauf, als wir mit dem Gardegrenadier gesprochen hatten, kamen Truppen vorbeigezogen. Dann kamen Stäbe von der Garde und Prinz Eitel Friedrich mit seinen Adjutanten und Ordonnanzoffizieren. Der Prinz ließ uns Pferde geben, so daß wir beiden Kavallerieflieger mal wieder auf richtigen »Hafermotoren« saßen. Leider ging uns beim Weiterreiten das Hündchen verloren. Es muß wohl mit anderen Truppen mitgelaufen sein.

Spätabends kamen wir schließlich mit einem Panjewagen in unseren Flughafen zurück. Die Maschine war futsch.

Rußland – Ostende
(Vom Zweisitzer zum Großkampfflugzeug)

Nachdem in Rußland unsere Unternehmungen so sachte zum Stehen kamen, wurde ich plötzlich zu einem Großkampfflugzeug, zur B. A. O. nach Ostende versetzt (21. August 1915). Ich traf da einen alten Bekannten, Zeumer, und außerdem verlockte mich der Name »Großkampfflugzeug«.

August 1915 traf ich in Ostende ein. Auf dem Bahnhof in Brüssel hatte mich mein guter Freund Zeumer abgeholt. Nun verlebte ich eigentlich eine sehr nette Zeit, die aber wenig Kriegerisches an sich hatte, aber sie war als Lehrzeit zum Kampfflieger unentbehrlich. Wir flogen viel, hatten selten Luftkämpfe und nie Erfolge. Dafür aber war das sonstige Leben reizvoll. Am Strand von Ostende hatten wir ein Hotel beschlagnahmt. Jeden Nachmittag badeten wir. Leider waren als Kurgäste nur Soldaten zu sehen. Auf den Terrassen von Ostende saßen wir, in unsere bunten Bademäntel gehüllt, und tranken nachmittags unseren Kaffee.

*

Wir saßen wieder mal, wie üblich, am Strande bei unserem Kaffee. Plötzlich ein Tuten, das hieß: ein englisches Seegeschwader ist gemeldet. Natürlich ließen wir uns durch derartige

Alarmnachrichten in unserer Gemütlichkeit nicht stören und tranken weiter. Da ruft einer: »Da sind sie!« und tatsächlich konnten wir am Horizont, wenn auch nicht sehr deutlich, einige qualmende Schornsteine und später auch Schiffe erkennen. Schnell wurden die Ferngläser geholt und beobachtet. Wir sahen eine ganz stattliche Zahl von Schiffen. Was sie eigentlich machen wollten, war uns unklar, aber bald sollten wir eines Besseren belehrt werden. Wir stiegen auf das Dach, um von dort oben mehr zu sehen. Mit einem Male pfeift's, gleich darauf ein Riesenknall, und eine Granate schlägt am Strande ein, wo wir eben noch im Wasser waren. So schnell bin ich noch nie in den Heldenkeller gestürzt wie in diesem Moment. Das englische Geschwader schoß noch vielleicht drei-, vier- mal auf uns und richtete sich dann in der Hauptsache gegen den Ostender Hafen und Bahnhof. Getroffen haben sie natürlich nichts. Aber sie haben die braven Belgier in mächtige Aufregung versetzt. Eine Granate sauste mitten in das schöne Palasthotel am Strande von Ostende. Dies war der einzige Schaden. Zum Glück ist es englisches Kapital, das sie selbst vernichtet haben.

*

Abends wurde dann wieder feste geflogen. Bei einem unserer Flüge waren wir mit unserem Großkampfflugzeug sehr weit hinaus auf See gekommen. Das Ding hatte zwei Motoren, und wir probierten hauptsächlich ein neues Steuer aus, das uns ermöglichen sollte, auch mit einem Motor weiter geradeaus zu fliegen. Wie wir ziemlich weit draußen sind, sehe ich unter uns, nicht auf dem Wasser, sondern – wie es mir schien – unter dem Wasser, ein Schiff schwimmen. Es ist ganz eigentümlich: Man kann von oben aus bei etwas ruhigem Seegang bis auf den Meeresgrund hinuntersehen. Natürlich nicht vierzig Kilometer tief, aber so einige hundert Meter Wasser kann man glatt durchschauen. Ich hatte mich auch nicht getäuscht, daß das Schiff nicht über Wasser, sondern unter Wasser schwamm, und trotzdem sah ich es so, als sei es oben. Ich machte Zeumer darauf aufmerksam, und wir gingen etwas tiefer hinunter, um Näheres zu erkennen. Ich bin zu wenig Marinemann, um gleich sagen zu können, was es gewesen ist; aber so sachte kapierte ich denn doch, daß es ein U-Boot war. Aber welcher Nationalität? Das ist nun wieder eine zweite schwierige Frage, die meiner Ansicht nach nur ein Marinemann lösen kann – und der auch nicht immer. Farbe ist so gut wie gar nicht zu erkennen. Die Flagge schon erst recht nicht. Außerdem hat ja wohl so ein U-Boot gar nichts dergleichen. Wir hatten zwei Bomben mit, und ich war mir sehr im Zweifel: sollte ich werfen, oder sollte ich nicht werfen? Das U-Boot hatte uns nicht gesehen, denn es war halb unter Wasser. Wir konnten aber über dem Ding ganz ruhig herfliegen und hätten den

Moment abpassen können, wo es auftauchte, um Luft zu schnappen, um unsere Eier zu legen. Das ist ganz bestimmt ein sehr kritischer Punkt für unsere Schwesterwaffe. Wie wir noch eine ganze Weile mit den Kerlen da unten 'rumgekindscht hatten, merkte ich plötzlich, wie aus dem einen unserer Kühler sich so sachte das Wasser empfahl. Dieses schien mir als »Franz« nicht ganz geheuer, und ich machte meinen »Emil« darauf aufmerksam. Der zog sein Gesicht in die Länge und machte nun, daß er nach Hause kam. Aber wir waren schätzungsweise zwanzig Kilometer von der Küste entfernt, und die wollen erst zurückgeflogen sein. Der Motor ließ so sachte nach, und ich machte mich schon im stillen auf ein kaltes und feuchtes Bad gefaßt. Aber siehe da, es ging! Der Riesenäppelkahn ließ sich mit einem Motor und dem neuen Steuer großartig deichseln, und wir erreichten noch glatt die Küste und konnten dort sehr schön auf unserem nahen Hafen landen.

Glück muß der Mensch haben. Hätten wir nicht das neue Steuer an diesem Tage ausprobiert, wir wären rettungslos versoffen.

Ein Tropfen Blut fürs Vaterland

(Ostende)

Verwundet bin ich eigentlich nie worden. Ich habe wohl immer im entscheidenden Moment den Kopf weggenommen und den Bauch eingezogen. Oft habe ich mich gewundert, daß sie mich nicht gehascht haben. Einmal ging mir ein Schuß durch beide Pelzstiefel durch, ein andermal durch meinen Schal, wieder einmal an meinem Arm durch den Pelz und die Lederjacke durch, aber nie hat es mich berührt.

Da flogen wir eines schönen Tages mit unserem Großkampfflugzeug los, um die Engländer etwas mit Bomben zu erfreuen, erreichten das Ziel, die erste Bombe fällt. Es ist natürlich sehr interessant festzustellen, wie der Erfolg dieser Bombe ist. Wenigstens den Einschlag möchte man immer gerne sehen. Mein Großkampfflugzeug, das sich für das Bombenschleppen ganz gut eignete, hatte aber die dumme Eigenschaft, daß man von der abgeworfenen Bombe den Einschlag schlecht sehen konnte, denn das Flugzeug schob sich nach dem Abwurf über das Ziel weg und verdeckte es mit seinen Flächen vollkommen. Dieses ärgerte mich immer, denn man hatte so wenig Spaß davon. Wenn's unten knallt und man die lieblich grau-weiße Wolke der Explosion sieht und sie auch in der Nähe des Zieles liegt, macht einem viel Freude. So winkte ich meinen guten Zeumer ein und wollte eigentlich, daß er so etwas mit dem Tragdeck beiseite ging. Dabei vergaß ich, daß das infame Ding, mein Äppelkahn, zwei Propeller hatte, die sich rechts und links neben meinem Beobachtersitz drehten. Ich zeigte ihm ungefähr den Einschlag der Bombe – und patsch! habe ich eins auf die Finger. Etwas verdutzt anfangs, stellte ich dann fest, daß mein kleiner Finger zu Schaden gekommen war. Zeumer hatte nichts gemerkt.

Das Bombenwerfen war mir verleidet, schnell wurde ich meine letzen Dinger los, und wir machten, daß wir nach Hause kamen.

Meine Liebe zum Großkampfflugzeug, die sowieso etwas schwach war, hatte durch diesen Bombenwurf schwer gelitten. Ich mußte nun acht Tage lang hocken und durfte nicht mitfliegen. Jetzt ist es nur noch ein Schönheitsfehler, aber ich kann doch wenigstens mit Stolz sagen: »Ich habe auch eine Kriegsverwundung.«

Mein erster Luftkampf

(1. September 1915)

Zeumer und ich hätten zu gerne mal einen Luftkampf gehabt. Wir flogen natürlich unser Großkampfflugzeug. Schon allein der Name des Kahnes gab uns einen solchen Mut, daß wir es für ausgeschlossen hielten, ein Gegner könnte uns entgehen.

Wir flogen am Tage fünf bis sechs Stunden, ohne je einen Engländer gesehen zu haben. Schon ganz entmutigt begaben wir uns eines Morgens wieder auf Jagd. Mit einemmal entdeckte ich einen Farman, der ungeniert seine Aufklärung fliegen wollte. Mir pochte das Herz, wie Zeumer auf ihn zuflog. Ich war gespannt, was sich nun eigentlich abspielen würde. Ich hatte nie einen Luftkampf gesehen und machte mir nur ganz dunkle Vorstellungen, so etwa wie du, mein lieber Leser.

Ehe ich mich versah, waren wir beide, der Engländer und ich, aneinander vorbeigesaust. Ich hatte höchstens vier Schuß abgegeben, während der Engländer plötzlich hinter uns saß und uns den ganzen Laden voll schoß. Ich muß sagen, ich hatte nicht das Gefühl der Gefahr, weil ich mir auch gar nicht vorstellen konnte, wie nun eigentlich das Endresultat so eines Kampfes aussehen würde. Wir drehten uns noch einige Male umeinander, bis schließlich der

Engländer zu unserem größten Erstaunen ganz vergnügt kehrtmachte und weiterflog. Ich war stark enttäuscht, mein Führer auch.

Zu Hause angekommen, waren wir beide sehr schlechter Laune. Er machte mir Vorwürfe, ich hätte schlecht geschossen, ich machte ihm Vorwürfe, er hätte mich nicht recht zum Schuß gebracht – kurz und gut, unsere Flugzeugehe, die sonst so tadellos war, hatte mit einemmal einen Knacks.

Wir beschauten uns unsere Kiste und stellten fest, daß wir eigentlich eine ganz anständige Zahl von Treffern drinnen hatten.

Noch am selben Tage unternahmen wir einen zweiten Jagdflug, der aber ebenso ergebnislos blieb. Ich war sehr traurig, denn ich hatte es mir bei einem Kampfgeschwader ganz anders vorgestellt. Ich glaubte immer, wenn ich mal zum Schuß käme, dann mußte der Bruder auch fallen. Bald mußte ich mich aber davon überzeugen, daß so ein Flugzeug ungeheuer viel verträgt. Schließlich gelangte ich zu der Überzeugung, ich könne noch so viel schießen und würde doch nie einen 'runterbekommen.

An Mut hatten wir es nicht fehlen lassen. Zeumer konnte fliegen wie selten einer, und ich war ein ganz leidlicher Kugelschütze. Wir standen also vor einem Rätsel. Es ging nicht bloß mir alleine so, sondern es geht noch heute vielen anderen ebenso. Die Geschichte will eben wirklich verstanden sein.

In der Champagne-Schlacht

Die schöne Zeit in Ostende war nur sehr kurz, denn bald entbrannte die Schlacht in der Champagne, und wir flogen nach dieser Front, um uns dort weiter mit dem Großkampfflugzeug zu betätigen. Wir bemerkten bald, daß die Klamotte zwar ein großes Flugzeug war, aber niemals ein Kampfflugzeug abgab.

Einmal flog ich mit Osteroth, der ein etwas kleineres Flugzeug hatte als der Äppelkahn (das Großkampfflugzeug). Etwa fünf Kilometer hinter der Front trafen wir mit einem Farman-Zweisitzer zusammen. Er ließ uns ruhig 'rankommen, und ich sah zum ersten Male einen Gegner so ganz aus nächster Nähe in der Luft. Osteroth flog sehr geschickt so neben ihm her, daß ich ihn gut unter Feuer nehmen konnte. Der Gegner hatte uns wohl gar nicht bemerkt, denn ich hatte bereits meine erste Ladehemmung, wie er anfing, wiederzuschießen. Nachdem ich meinen Patronenkasten von hundert Schuß verschossen hatte, glaubte ich meinen Augen nicht trauen zu können, wie mit einem Male der Gegner in ganz seltsamen Spiralen niederging. Ich verfolgte ihn mit den Augen und klopfte Osteroth auf den Kopf. Er fällt, er fällt, und tatsächlich fiel er in einen großen Sprengtrichter; man sah ihn darin auf dem Kopf stehen,

Schwanz nach oben. Auf der Karte stellte ich fest: fünf Kilometer hinter der jetzigen Front lag er. Wir hatten ihn also jenseits abgeschossen. In damaliger Zeit wurden aber Abschüsse jenseits der Front nicht bewertet, sonst hätte ich heute einen mehr auf meiner Liste. Ich war aber sehr stolz auf meinen Erfolg, und im übrigen ist es ja die Hauptsache, wenn der Kerl unten liegt, also nicht, daß er einem als Abschuß angerechnet wird.

Wie ich Boelcke
kennenlernte

Zeumer verpaßte sich in dieser Zeit einen Fokker-Eindecker, und ich konnte zusehen, wie er allein durch die Welt segelte. Die Champagne-Schlacht tobte. Die französischen Flieger machten sich bemerkbar. Wir sollten zu einem Kampfgeschwader zusammengestellt werden und fuhren am 1. Oktober 1915 nach. Im Speisewagen saß am Nebentisch ein junger unscheinbarer Leutnant. Es lag auch kein Grund für ihn vor, besonders aufzufallen, nur eine Tatsache stand fest: er war von uns allen der einzige, der bereits mal einen feindlichen Flieger abgeschossen hatte, und zwar nicht nur einen, sondern schon vier. Er war sogar mit Namen im Heeresbericht genannt. Er imponierte mir auf Grund seiner Erfahrungen ganz rasend. Ich konnte mir noch so große Mühe geben, ich hatte bis dahin noch immer keinen zur Strecke, jedenfalls war mir noch keiner anerkannt worden. Zu gerne hätte ich erfahren, wie dieser Leutnant Boelcke das nun eigentlich machte. So stellte ich an ihn die Frage: »Sagen Sie mal bloß, wie machen Sie's denn eigentlich?« Er lachte sehr belustigt, dabei hatte ich aber wirklich ernst gefragt. Dann antwortete er mir: »Ja, Herrgott, ganz einfach. Ich fliege eben ran und ziele gut, dann fällt er halt herunter.« Ich schüttelte bloß den Kopf und meinte, das täte ich doch auch, bloß daß er eben bei mir nicht 'runterfiele. Der Unterschied war allerdings der, er flog Fokker und ich mein Großkampfflugzeug.

Ich gab mir Mühe, diesen netten bescheidenen Menschen, der mir wahnsinnig imponierte, näher kennenzulernen. Wir spielten oft Karten zusammen, gingen spazieren, und ich fragte ihn aus. So reifte in mir der Entschluß: »Du mußt selber einen Fokker fliegen lernen, dann wird es vielleicht besser gehen.«

Mein Sinnen und Trachten ging nun dahin, zu lernen, selbst »den Knüppel zu führen«. Denn ich war bisher immer nur Beobachter gewesen. Es bot sich bald Gelegenheit, auf einer alten Klamotte in der Champagne zu schulen. Ich betrieb das mit großem Eifer und war nach fünfundzwanzig Schulflügen vor dem Alleinflug.

Der erste Alleinflug
(10. Oktober 1915)

Es gibt so einige Augenblicke im Leben, die einen besonderen Nervenkitzel verursachen, so z. B. der erste Alleinflug.

Zeumer, mein Lehrer, erklärte mir eines Abends: »So, nun flieg' mal alleine los.« Ich muß sagen, daß ich ihm am liebsten geantwortet hätte: »Ich habe zu große Angst.« Aber dies Wort soll ja der Vaterlandsverteidiger niemals in den Mund nehmen. Also mußte ich wohl oder übel meinen Schweinehund 'runterschlucken und mich in die Maschine setzen.

Er erklärte mir noch einmal jeden Griff theoretisch; ich hörte nur noch mit halbem Ohre zu, denn ich war der festen Überzeugung: Du vergißt doch die Hälfte.

Ich rollte zum Start, gab Gas, die Maschine bekam ihre bestimmte Geschwindigkeit, und mit einem Male konnte ich nicht umhin, festzustellen, daß ich tatsächlich flog. Es war schließlich kein ängstliches, sondern ein verwegenes Gefühl. Mir war jetzt alles Wurscht. Mochte passieren, was da wollte, ich wäre über nichts mehr erschrocken gewesen. Mit Todesverachtung machte ich eine Riesenlinkskurve, stellte an dem genau bezeichneten Baum das Gas ab und wartete der Dinge, die sich nun ereignen würden. Nun kam das Schwierigste, die Landung. Mir waren die notwendigen Handgriffe genau in Erinnerung. Ich machte sie mechanisch nach, jedoch reagierte die Maschine ganz anders als sonst, wo Zeumer drin saß. Ich war aus dem Gleichgewicht gebracht, machte einige falsche Bewegungen, stand auf dem Kopf, und schon gab es wieder mal eine »Schulmaschine«. Sehr traurig beguckte ich mir den Schaden, der sich zum Glück bald beheben ließ, und hatte im übrigen noch den Spott auf meiner Seite.

Zwei Tage später ging ich mit rasender Passion wieder an mein Flugzeug, und siehe da, es ging wunderbar.

Nach vierzehn Tagen konnte ich die erste Prüfung machen. Ein Herr v. T. war Richter. Ich flog die mir vorgeschriebenen Achten und die mir befohlenen Landungen, worauf ich sehr stolz ausstieg und nun zu meinem größten Erstaunen hörte, daß ich durchgefallen sei. Mir blieb nichts anderes übrig, als später meine erste Prüfung noch einmal zu machen.

Aus meiner Döberitzer Ausbildungszeit

Um meine Examina bestehen zu können, mußte ich aber nach Berlin. Ich benutzte die Gelegenheit, um als Beobachter ein Riesenflugzeug in Berlin auf den Schwung zu bringen, und ließ mich dazu nach Döberitz kommandieren (15. November 1915). Für das Riesenflugzeug hatte ich anfangs großes Interesse. Aber es ist komisch, gerade durch das Riesending wurde mir klar, daß nur das kleinste Flugzeug für meine Zwecke als Kampfflieger etwas taugen kann. So ein großer Äppelkahn ist zum Kämpfen zu unbeweglich, und das ist ja eben die Hauptsache für mein Geschäft.

Der Unterschied zwischen einem Großkampfflugzeug und einem Riesenflugzeug ist der, daß das Riesenflugzeug noch erheblich größer ist und mehr dem Zwecke für Bomben dient und weniger zum Kampfe.

Meine Prüfungen machte ich nun in Döberitz, zusammen mit einem lieben Menschen, Oberleutnant v. Lyncker. Wir beide vertrugen uns gut und hatten dieselben Passionen, auch dieselbe Auffassung über unsere spätere Tätigkeit. Unser Ziel war Fokkerfliegen, um zusammen zu einer Jagdstaffel nach dem Westen zu kommen. Ein Jahr später haben wir es erreicht, zusammenwirken zu können, wenn auch nur für kurze Zeit, denn meinen guten Freund ereilte bei seinem dritten Abschuß die tödliche Kugel.

Oft haben wir in Döberitz lustige Stunden verlebt. So war z. B. eine Bedingung: »Außenlandungen.«

Ich verband bei dieser Gelegenheit das Notwendige mit dem Angenehmen. Zu meinem Außenlandeplatz suchte ich mir ein mir bekanntes Gut Buchow aus. Dort war ich auf Saujagd eingeladen, bloß vertrug sich die Sache schlecht mit meinem Dienst, denn an schönen Abenden wollte ich fliegen und trotzdem meiner Jagdpassion nachgehen. So legte ich mir meinen Außenlandeplatz so, daß ich von dort aus bequem meine Jagdgründe erreichen konnte.

Ich nahm mir einen zweiten Piloten als Beobachter mit und schickte diesen abends zurück. Nachts setzte ich mich auf Sauen an und wurde an nächsten Morgen von diesem Piloten wieder abgeholt.

Wenn ich nicht hätte abgeholt werden können, so wäre ich ziemlich auf dem Trockenen gewesen, da mir ein Fußmarsch von etwa zehn Kilometern geblüht hätte. So brauchte ich einen Mann, der mich bei jedem Wetter von meinem Hochsitz abholte. Es ist aber nicht jedermanns Sache, auf Wetter gar keine Rücksicht zu nehmen, doch es gelang mir, einen Gesinnungstüchtigen zu finden.

Eines Morgens, nachdem ich die Nacht wieder draußen zugebracht hatte, begann ein ungeheures Schneegestöber. Man konnte nicht fünfzig Meter weit sehen. Acht Uhr war es gerade, angegebene Zeit, zu der mich der Pilot abholen sollte. Im stillen hoffte ich, er würde es diesmal sein lassen. Aber mit einem Male hörte ich ein Summen – sehen konnte ich nichts – fünf Minuten später lag mein schöner Vogel etwas verbogen vor mir.

Erste Zeit als Pilot

Am Weihnachtstage 1915 machte ich mein drittes Examen. Ich verband damit einen Flug nach Schwerin und sah mir dort die Fokker-Werke an. Als Beobachter nahm ich mir meinen Monteur mit und flog dann später mit ihm von Berlin nach Breslau, von Breslau nach Schweidnitz, von Schweidnitz nach Lüben, von Lüben nach Berlin, überall zwischenlandend, Bekannte und Verwandte aufsuchend. Das Orientieren im Flugzeug fiel mir als altem Beobachter nicht schwer.

März war ich beim Kampfgeschwader 2 vor Verdun und lernte nun den Luftkampf als Flugzeugführer, d. h. ich lernte, das Flugzeug im Kampfe zu beherrschen. Ich flog dazu einen Zweisitzer.

*

Im Heeresbericht vom 26. April 1916 bin ich zum ersten Male, wenn auch nicht persönlich genannt, so doch durch eine meiner Taten erwähnt. Ich hatte mir auf meine Maschine ein Gewehr oben zwischen die Tragdecks im Geschmack, wie es der Nieuport hat, aufgebaut und war auf diese Konstruktion allein schon sehr stolz. Man lachte wohl etwas darüber, denn sie sah sehr primitiv aus. Ich schwor natürlich darauf und hatte bald Gelegenheit, sie praktisch zu verwerten.

Ich begegnete einem Nieuport, der scheinbar auch Anfänger war, denn er benahm sich furchtbar töricht. Ich flog auf ihn zu, worauf er ausriß. Offenbar hatte er eine Ladehemmung. Ich hatte nicht das Gefühl, als ob ich kämpfen würde, vielmehr: »Was wird jetzt erfolgen, wenn du auf ihn schießt?« Ich fliege 'ran, zum erstenmal auf eine ganz, ganz nahe Entfernung, drücke auf den Knopf des Maschinengewehrs, eine kurze Serie wohlgezielter Schüsse, mein Nieuport bäumt sich auf und überschlägt sich. Anfangs glaubten wir, mein Beobachter und ich, es sei eins der vielen Kunststücke, die einem die Franzosen vorzumachen pflegten. Dieses Kunststück wollte aber nicht aufhören, es ging immer tiefer, immer tiefer; da klopft mir mein »Franz« auf den Kopf und ruft mir zu: »Ich gratuliere, der fällt!« Tatsächlich fiel er in einen Wald hinter dem Fort Douaumont und verschwand zwischen den Bäumen. »Den hast du abgeschossen«, das war mir klar. Aber – jenseits! Ich flog nach Hause, meldete weiter nichts als: »Ein Luftkampf, ein Nieuport abgeschossen.« Einen Tag darauf las ich diese meine Heldentat im Heeresbericht. Ich war nicht schlecht stolz darauf, aber zu meinen zweiundfünfzig zählt dieser Nieuport nicht.

*

Heeresbericht vom 26. April 1916

Zwei feindliche Flugzeuge sind über Fleury, südlich von Douaumont und westlich davon, im Luftkampf abgeschossen.

Holck †
(30. April 1916)

Als junger Flugzeugführer flog ich mal bei einem Jagdfluge über das Fort Douaumont hinweg, auf dem gerade heftiges Trommelfeuer lag. Da sah ich, wie ein deutscher Fokker drei Caudrons angriff. Zu seinem Pech war aber sehr starker Westwind. Also ungünstiger Wind. Er wurde im Laufe des Kampfes über die Stadt Verdun hinausgetrieben. Ich machte meinen Beobachter darauf aufmerksam, der auch meinte, das muß ein ganz schneidiger Kerl sein. Wir überlegten, ob es Boelcke sein könnte, und wollten uns nachher danach erkundigen. Da sah ich aber zu meinem Schrecken, wie aus dem Angreifer ein Verteidiger wurde. Der Deutsche wurde von den Franzosen, die sich mittlerweile auf mindestens zehn Flugzeuge verstärkt hatten, immer mehr heruntergedrückt. Ihm zu Hilfe kommen konnte ich nicht. Ich war zu weit ab von den Kämpfenden und kam zudem in meiner schweren Maschine nicht gegen den Wind an. Der Fokker wehrte sich verzweifelt. Jetzt hatten ihn die Feinde schon mindestens auf sechshundert Meter heruntergedrückt. Da wurde er plötzlich von einem seiner Verfolger erneut angegriffen. Er verschwand in einem Sturzflug in einer Kumuluswolke. Ich atmete auf, denn das war meiner Ansicht nach seine Rettung.

Zu Hause angekommen, erzählte ich, was ich gesehen hatte, und erfuhr, daß es Holck, mein alter Kampfgenosse aus dem Osten, war, der vor kurzem vor Verdun Jagdflieger geworden war.

Mit Kopfschuß war Graf Holck senkrecht abgestürzt. Es ging mir sehr nahe, denn er war nicht bloß ein Vorbild an Schneid, er war eben auch als Mensch eine Persönlichkeit, wie es nur wenige gibt.

Ein Gewitterflug

Unsere Tätigkeit vor Verdun im Sommer 1916 wurde durch häufige Gewitterstürme gestört. Nichts Unangenehmeres gibt es für einen Flieger, als durch ein Gewitter hindurch zu müssen. Während der Somme-Schlacht zum Beispiel landete ein ganzes englisches Geschwader hinter unseren Linien, weil es durch ein Gewitter überrascht wurde. Es geriet so in Gefangenschaft.

Ich hatte noch nie den Versuch gemacht, durch ein Gewitter hindurchzufliegen, und konnte es mir nicht verkneifen, das doch mal auszuprobieren. In der Luft war den ganzen Tag eine richtige Gewitterstimmung. Von meinem Flughafen Mont war ich nach dem nahen Metz hinübergeflogen, um dort einiges zu erledigen. Da ereignete sich bei meinem Nachhauseflug folgendes:

Ich war auf dem Flugplatz in Metz und wollte nach meinem Flughafen zurück. Wie ich meine Maschine aus der Halle zog, machten sich die ersten Anzeichen eines nahen Gewittersturmes, bemerkbar. Der Wind kräuselte den Sand, und eine pechschwarze Wand zog von Norden her heran. Alte, erfahrene Piloten rieten mir dringend ab, zu fliegen. Ich hatte aber fest versprochen zu kommen, und es wäre mir furchtsam erschienen, wenn ich wegen eines dummen Gewitters ausgeblieben wäre. Also, Gas gegeben und mal probiert! Schon beim Start fing's an zu regnen. Die Brille mußte ich wegwerfen, um überhaupt etwas sehen zu können. Das Üble war, daß ich über die Moselberge wegmußte, durch deren Täler gerade der Gewittersturm brauste. Ich dachte mir: »Nur zu, es wird schon glücken«, und näherte mich mehr und mehr der schwarzen Wolke, die bis auf die Erde herunterreichte. Ich flog so niedrig wie möglich. Über Häuser und Baumreihen mußte ich teilweise hinwegspringen. Wo ich war, wußte ich schon lange nicht mehr. Der Sturm erfaßte meinen Apparat wie ein Stück Papier und trieb ihn vor sich her. Mir saß das Herz doch etwas tiefer. Landen konnte ich nicht mehr in den Bergen, also mußte durchgehalten werden.

Um mich herum war es schwarz, unter mir bogen sich die Bäume im Sturm. Plötzlich lag vor mir eine bewaldete Höhe. Ich mußte auf sie zu, mein guter Albatros schaffte es und riß mich darüber hinweg. Ich konnte nur noch geradeaus fliegen; jedes Hindernis, das kam, mußte genommen werden. Es war die reine Springkonkurrenz über Bäume, Dörfer, besonders Kirchtürme und Schornsteine, da ich höchstens noch fünf Meter hoch fliegen konnte, um in der schwarzen Gewitterwolke überhaupt noch etwas zu sehen. Um mich herum zuckten die Blitze. Ich wußte damals noch nicht, daß der

Blitz nicht in das Flugzeug schlagen kann. Ich glaubte den sicheren Tod vor Augen zu haben, denn der Sturm mußte mich bei der nächsten Gelegenheit in ein Dorf oder in einen Wald werfen. Hätte der Motor ausgesetzt, so wäre ich erledigt gewesen.

Da sah ich mit einem Male vor mir eine helle Stelle am Horizont. Dort hörte das Gewitter auf; erreichte ich diesen Punkt, so war ich gerettet. Die ganze Energie zusammennehmend, die ein junger, leichtsinniger Mensch haben kann, steuerte ich darauf zu.

Plötzlich, wie abgerissen, war ich aus der Gewitterwolke heraus, flog zwar noch im strömenden Regen, aber fühlte mich im übrigen geborgen.

Noch immer bei strömendem Regen landete ich in meinem Heimatshafen, wo schon alles auf mich wartete, da von Metz bereits die Nachricht eingetroffen war, ich sei in einer Gewitterwolke, Richtung dorthin, verschwunden.

Nie wieder werde ich, wenn es nicht mein Vaterland von mir fordert, durch einen Gewittersturm hindurchfliegen.

In der Erinnerung ist alles schön, so gab es auch dabei schöne Momente, die ich nicht in meinem Fliegerdasein missen möchte.

Das erstemal auf einem Fokker

Von Anfang meiner Pilotenlaufbahn an hatte ich nur ein Streben, und das war, in einem einsitzigen Kampfflugzeug fliegen zu dürfen. Nach langem Quälen bei meinem Kommandeur hatte ich die Erlaubnis 'rausgeschunden, einen Fokker zu schaukeln. Der Motor, der sich um sich selbst drehte, war mir etwas ganz Neues. Auch so allein in einem kleinen Flugzeug zu sitzen, war mir fremd.

Ich besaß mit einem Freund, der jetzt schon lange tot ist, zusammen diesen einen Fokker. Vormittags flog ich ihn, nachmittags er. Jeder hatte Angst, der andere könne die Kiste eher zerschmeißen. Am zweiten Tage flogen wir gegen den Feind. Mir war vormittags kein Franzose begegnet, nachmittags kam der andere an die Reihe. Er kam nicht wieder, keine Nachricht, nichts. Spätabends meldete die Infanterie einen Luftkampf zwischen einem Nieuport und einem deutschen Fokker, nach dessen Verlauf der Deutsche scheinbar jenseits auf dem Toten Mann gelandet wäre. Es konnte nur Reimann sein, denn alle anderen waren zurückgekommen. Wir bedauerten unseren kühnen Kameraden, da plötzlich kam nachts die telephonische Nachricht, ein deutscher Fliegeroffi-

zier sei mit einem Male im vordersten Sappen-
kopf der Infanteriestellung auf dem Toten Mann
erschienen. Er entpuppte sich als Reimann. Ihm
war der Motor zerschossen worden, so daß er zur
Notlandung gezwungen war. Er hatte dabei
unsere Linien nicht mehr erreichen können und
war zwischen dem Feind und uns gelandet.
Schnell hatte er noch seine Maschine in Brand
gesteckt und sich dann einige hundert Meter
davon in einem Sprengtrichter verborgen gehalten. In der Nacht war er dann als Schleichpatrouille in unseren Gräben erschienen. So ende-
te zum ersten Male unser Aktienunternehmen:
»Der Fokker«.

*

Nach einigen Wochen bekamen wir einen zweiten. Diesmal fühlte ich mich verpflichtet, das
gute Ding ins Jenseits zu befördern. Es war
vielleicht mein dritter Flug auf der kleinen,
schnellen Maschine. Beim Start setzte der Motor aus. Ich mußte hinunter, gerade in ein
Haferfeld hinein, und im Umsehen war aus dem
stolzen, schönen Apparat bloß noch eine un-
kenntliche Masse geworden. Wie durch ein
Wunder war mir nichts passiert.

Bombenflüge in Rußland

Juni hieß es plötzlich verladen. Wir wußten nicht, wo es hinging, aber den richtigen Tip hatten wir und waren deshalb nicht übermäßig erstaunt, wie uns unser Kommandeur mit der Neuigkeit überraschte, daß wir nach Rußland gingen. Wir fuhren durch ganz Deutschland mit unserem Wohnzug, aus Speise- und Schlafwagen bestehend, und kamen schließlich nach Kowel. Dort blieben wir in unseren Eisenbahnwagen wohnen. Dieses Wohnen in Zügen hat ja nun natürlich sehr viel Vorteile. Man ist stets fertig, um weiterzureisen, und man hat immer dasselbe Quartier.

Aber in der russischen Sommerhitze ist so ein Schlafwagen das Fürchterlichste, was es geben kann. Deshalb zog ich es vor, mit zwei guten Freunden, Gerstenberg und Scheele, in den nahen Wald zu ziehen, wo wir uns ein Zelt aufbauten und wie Zigeuner lebten. Das waren schöne Zeiten.

*

In Rußland warf unser Kampfgeschwader viel Bomben. Wir beschäftigten uns damit, die Russen zu ärgern, und legten auf ihre schönsten Bahnanlagen unsere Eier. An einem dieser Tage zog unser ganzes Geschwader los, um eine sehr wichtige Bahnhofsanlage zu bewerfen. Das Nest hieß Manjewicze und lag etwa dreißig Kilometer hinter der Front, also nicht so übertrieben weit. Die Russen hatten einen Angriff geplant, und zu diesem Zweck war der Bahnhof ganz ungeheuerlich mit Zügen angefüllt. Ein Zug stand neben dem anderen, eine ganze Strecke war mit fahrenden Zügen belegt. Man konnte das von oben sehr schön sehen; an jeder Ausweichstelle stand ein Transportzug. Also ein wirklich lohnendes Ziel für einen Bombenflug.

Man kann sich für alles begeistern. So hatte ich mich mal für eine Weile für dieses Bombenfliegen begeistert. Es machte mir einen unheimlichen Spaß, die Brüder da unten zu bepflastern. Oft zog ich an einem Tage zweimal los. An diesem Tage hatten wir uns also Manjewicze zum Ziele gesteckt. Jede Staffel für sich zog geschlossen gen Rußland. Die Maschinen standen am Start, jeder Flugzeugführer versuchte noch einmal seinen Motor, denn es ist eine peinliche Sache, auf der falschen Partei notzulanden und besonders in Rußland. Der Russe ist auf Flieger wie wild. Kriegt er einen zu fassen, schlägt er ihn ganz bestimmt tot. Das ist auch die einzige Gefahr in Rußland, denn feindliche Flieger gibt es da nicht, oder so gut wie gar nicht. Kommt mal einer vor, so hat er sicherlich Pech und wird abgeschossen. Die Ballonabwehrgeschütze in Rußland sind manchmal ganz gut, aber ihre Zahl nicht ausreichend. Gegen den

Westen jedenfalls ist das Fliegen im Osten eine Erholung.

*

Die Maschinen rollen schwer bis an den Startplatz. Sie sind bis auf ihr letztes Ladegewicht mit Bomben angefüllt. Ich schleppte manchmal einhundertfünfzig Kilogramm Bomben mit einem ganz normalen C-Flugzeug. Außerdem hatte ich noch einen schweren Beobachter mit, dem man die Fleischnot gar nicht ansah, ferner »für den Fall, daß« noch zwei Maschinengewehre. Ich habe sie nie in Rußland ausprobieren können. Es ist sehr schade, daß in meiner Sammlung kein Russe vorhanden ist. An der Wand würde sich seine Kokarde gewiß ganz malerisch machen. So ein Flug mit einer dicken, schwerbeladenen Maschine, besonders in der russischen Mittagsglut, ist nicht von Pappe. Die Kähne schaukeln sehr unangenehm. Runterfallen tun sie natürlich nicht, dafür sorgen die einhundertfünfzig »Pferde«, aber es ist doch kein angenehmes Gefühl, so viel Sprengladung und Benzin bei sich zu haben. Endlich ist man in einer ruhigeren Luftschicht und kommt allmählich zu dem Genuß des Bombenfluges. Es ist schön, geradeaus zu fliegen, ein bestimmtes Ziel zu haben und einen festen Auftrag. Man hat nach einem Bombenwurf das Gefühl: Du hast etwas geleistet, während man manchmal bei einem Jagdflug, wo man keinen abgeschossen hat, sich sagen muß: Du hättest es besser machen können. Ich habe sehr gern Bomben geworfen. Mein Beobachter hatte es sachte sehr ordentlich wegbekommen, das Ziel genau senkrecht zu überfliegen und mit Hilfe eines Zielfernrohres den guten Augenblick abzupassen, um sein Ei zu legen. Es ist ein schöner Flug nach Manjewicze. Ich habe ihn öfters hinter mir.

Wir kamen über riesige Waldkomplexe, in denen gewiß die Elche und Luchse herumturnen. Die Dörfer sahen allerdings auch so aus, als ob sich die Füchse darin Gute Nacht sagen könnten. Das einzige größere Dorf in der ganzen Gegend war Manjewicze. Um das Dorf herum waren zahllose Zelte aufgeschlagen und am Bahnhof selbst unzählige Baracken. Rote Kreuze konnten wir nicht erkennen. Vor uns war eine Staffel dagewesen. Dieses konnte man an einzelnen rauchenden Häusern und Baracken noch feststellen. Sie hatte nicht schlecht geworfen. Der eine Ausgang des Bahnhofs war durch einen Treffer offenbar versperrt. Die Lokomotive dampfte noch. Gewiß waren die Herren Zugführer irgendwo in einem Unterstand oder so was Ähnlichem. Auf der anderen Seite fuhr gerade eine Lokomotive mit großer Fahrt heraus. Natürlich reizte einen das, das Ding zu treffen. Wir fliegen das Ding an und setzen einige hundert Meter davor eine Bombe. Der gewünschte Erfolg war da, die Lokomotive blieb stehen. Wir machen kehrt und werfen noch sauber Bombe für

Bombe, fein gezielt durch das Zielfernrohr, auf den Bahnhof. Wir haben ja Zeit, es stört uns niemand. Ein feindlicher Flughafen ist zwar ganz in der Nähe, aber seine Piloten sind nicht zu sehen. Abwehrgeschütze knallen nur ganz vereinzelt und in einer ganz anderen Richtung als wir fliegen. Wir heben uns noch eine Bombe auf, um sie besonders nutzbringend beim Nachhauseflug anzuwenden. Da sehen wir, wie ein feindlicher Flieger auf seinem Hafen startet. Ob er sich wohl mit dem Gedanken trägt, uns anzugreifen? Ich glaube es nicht. Viel eher sucht er Sicherheit in der Luft, denn das ist bei Bombenflügen auf Flughäfen ganz gewiß das bequemste, sich der persönlichen Lebensgefahr zu entziehen.

Wir machen noch einige Umwege und suchen Truppenlager, denn das macht besonderen Spaß, die Herren da unten mit Maschinengewehren zu beunruhigen. Solche halbwilden Völkerstämme wie die Asiaten haben noch viel mehr Angst als die gebildeten Engländer. Besonders interessant ist es, auf feindliche Kavallerie zu schießen. Es bringt ungeheure Unruhe unter die Leute. Man sieht sie mit einem Male nach allen Himmelsrichtungen davonsausen. Ich möchte nicht Schwadronschef von so einer Kosakeneskadron sein, die von Fliegern mit Maschinengewehren beschossen wird. Allmählich konnten wir wieder unsere Linien sehen. Nun wurde es Zeit, daß wir unsere letzte Bombe loswurden. Wir beschlossen, einen Fesselballon, »*den*« Fesselballon der Russen, mit einer Bombe zu bedenken. Wir konnten ganz gemütlich auf wenige hundert Meter heruntergehen und den Fesselballon bewerfen. Anfangs wurde er mit großer Hast eingezogen, wie aber die Bombe gefallen war, hörte das Einziehen auf. Ich erklärte es mir dadurch, nicht etwa, daß ich getroffen hatte, sondern eher, daß die Russen ihren Hetman da oben in dem Korb im Stich ließen und weggelaufen waren. Wir erreichten schließlich unsere Front, unsere Gräben und waren, als wir zu Hause ankamen, doch etwas erstaunt, wie wir feststellten, daß man uns von unten doch beschossen hatte, wenigstens zeigte dies ein Treffer in der Tragfläche.

*

Ein andermal waren wir gleichfalls etwa in derselben Gegend auf einen Angriff der Russen angesetzt, die den Stochod zu überschreiten beabsichtigten. Wir kamen an die gefährdete Stelle, mit Bomben beladen und sehr viel Patronen fürs Maschinengewehr, und da sahen wir zu unserer großen Überraschung, wie bereits der Stochod von feindlicher Kavallerie überschritten wird. Eine einzige Brücke diente zum Nachschub. Also war es klar: Trifft man diese, so kann man dem Feind ungeheuer schaden. Außerdem wälzten sich über den schmalen Steg dicke Truppenmassen. Wir gingen auf möglichst niedrige Höhe hinunter und konnten nun genau erkennen, daß die feindliche Kavallerie in großer Geschwindigkeit über den Übergang marschierte. Die erste Bombe krachte nicht weit von ihr, die zweite, dritte folgte unmittelbar darauf. Unten entsteht eine wüste Unordnung. Die Brücke ist zwar nicht getroffen, aber nichtsdestotrotz hat der Verkehr vollständig aufgehört, und alles, was Beine hat, ist nach allen Himmelsrichtungen davon. Der Erfolg war gut, denn das waren nur drei Bomben; es kam ja noch das ganze Geschwader hinterher. Und so konnten wir noch manches erreichen. Mein Beobachter schoß feste mit dem Maschinengewehr unter die Brüder, und wir hatten einen wilden Spaß daran. Was unser positiver Erfolg war, kann ich natürlich nicht sagen. Die Russen haben es mir auch nicht erzählt. Aber eingebildet habe ich mir, daß ich den russischen Angriff allein abgeschlagen habe. Ob es stimmt, wird die Kriegschronik der Russen nach dem Kriege mir wohl mitteilen.

Endlich!

Die Augustsonne war fast unerträglich auf dem sandigen Flugplatz in Kowel. Wir unterhielten uns mit den Kameraden, da erzählte einer: »Heute kommt der große Boelcke und will uns, oder vielmehr seinen Bruder, in Kowel besuchen.« Abends erschien der berühmte Mann, von uns sehr angestaunt, und erzählte vieles Interessante von seiner Reise nach der Türkei, von der er gerade auf dem Rückwege war, um sich im Großen Hauptquartier zu melden. Er sprach davon, daß er an die Somme ginge, um dort seine Arbeit fortzusetzen, auch sollte er eine ganze Jagdstaffel aufstellen. Zu diesem Zwecke konnte er sich aus der Fliegertruppe ihm geeignet erscheinende Leute aussuchen. Ich wagte nicht, ihn zu bitten, daß er mich mitnähme. Nicht aus dem Grunde heraus, daß es mir bei unserem Geschwader zu langweilig gewesen wäre – im Gegenteil, wir machten große und interessante Flüge, haben den Rußkis mit unseren Bomben so manchen Bahnhof eingetöppert – aber der Gedanke, wieder an der Westfront zu kämpfen, reizte mich. Es gibt eben nichts Schöneres für einen jungen Kavallerieoffizier, als auf Jagd zu fliegen.

Am nächsten Morgen sollte Boelcke wieder wegfahren. Frühmorgens klopfte es plötzlich an meiner Tür, und vor mir stand der große Mann mit dem Pour le mérite. Ich wußte nicht recht, was er von mir wollte. Ich kannte ihn zwar, wie bereits erwähnt, aber auf den Gedanken kam ich nicht, daß er mich dazu aufgesucht hatte, um mich aufzufordern, sein Schüler zu werden. Fast wäre ich ihm um den Hals gefallen, wie er mich fragte, ob ich mit ihm nach der Somme gehen wollte.

Drei Tage später saß ich auf der Eisenbahn und fuhr quer durch Deutschland direkt nach dem Feld meiner neuen Tätigkeit. Endlich war mein sehnlichster Wunsch erfüllt, und nun begann für mich die schönste Zeit meines Lebens.

Daß sie sich so erfolgreich gestalten würde, wagte ich damals nicht zu hoffen. Beim Abschied rief mir ein guter Freund noch nach: »Komm' bloß nicht ohne den Pour le mérite zurück!«

Mein erster Engländer
(17. September 1916)

Wir standen alle auf dem Schießplatz, und einer nach dem anderen schoß sein Maschinengewehr ein, so, wie es ihm am günstigsten erschien. Am Tage vorher hatten wir unsere neuen Apparate bekommen, und am nächsten Morgen wollte Boelcke mit uns fliegen. Wir waren alle Anfänger, keiner von uns hatte bisher einen Erfolg zu verzeichnen. Was Boelcke uns sagte, war uns daher ein Evangelium. In den letzten Tagen hatte er, wie er sich ausdrückte, zum Frühstück schon mindestens einen, manchmal auch zwei Engländer abgeschossen.

Der nächste Morgen, der 17. September, war ein wunderbarer Tag. Man konnte mit regem Flugbetrieb der Engländer rechnen. Bevor wir aufstiegen, erteilte Boelcke uns noch einige genaue Instruktionen, und zum ersten Male flogen wir im Geschwader unter Führung des berühmten Mannes, dem wir uns blindlings anvertrauten.

Wir waren gerade an die Front gekommen, als wir bereits über unseren Linien an den Sprengpunkten unserer Ballon-Abwehrkanonen ein feindliches Geschwader erkannten, das in Richtung Cambrai flog. Boelcke war natürlich der erste, der es sah, denn er sah eben mehr als

andere Menschen. Bald hatten wir auch die Lage
erfaßt, und jeder strebte, dicht hinter Boelcke zu
bleiben. Wir waren uns alle klar, daß wir unsere
erste Prüfung unter den Augen unseres verehr-
ten Führers zu bestehen hatten. Wir näherten
uns dem Geschwader langsam, aber es konnte
uns nicht mehr entgehen. Wir waren zwischen
der Front und dem Gegner. Wollte er zurück, so
mußte er an uns vorbei. Wir zählten schon die
feindlichen Flugzeuge und stellten fest, daß es
sieben waren. Wir dagegen nur fünf. Alle Engländer flogen große, zweisitzige Bomben-Flug-
zeuge. Nur noch Sekunden, dann mußte es
losgehen. Boelcke war dem ersten schon verflucht nahe auf die Pelle gerückt, aber noch
schoß er nicht. Ich war der zweite, dicht neben
mir meine Kameraden. Der mir am nächsten
fliegende Engländer war ein großer, dunkel
angestrichener Kahn. Ich überlegte nicht lange
und nahm ihn mir aufs Korn. Er schoß, ich
schoß, und ich schoß vorbei, er auch. Es begann
ein Kampf, in dem es für mich jedenfalls darauf
ankam, hinter den Burschen zu kommen, da ich
ja nur in meiner Flugrichtung schießen konnte.
Er hatte es nicht nötig, denn sein bewegliches
Maschinengewehr reichte nach allen Seiten. Er
schien aber kein Anfänger zu sein, denn er
wußte genau, daß in dem Moment sein letztes
Stündlein geschlagen hatte, wo ich es erreichte,
hinter ihn zu gelangen. Ich hatte damals noch
nicht die Überzeugung »der muß fallen«, wie

ich sie jetzt voll habe, sondern ich war vielmehr gespannt, ob er wohl fallen würde, und das ist ein wesentlicher Unterschied. Liegt mal der erste oder gar der zweite oder dritte, dann geht einem ein Licht auf: »So mußt du's machen.«

Also mein Engländer wandte, drehte sich, oft meine Garbe kreuzend. Daran dachte ich nicht, daß es auch noch andere Engländer in dem Geschwader gab, die ihrem bedrängten Kameraden zu Hilfe kommen konnten. Nur immer der eine Gedanke: »Der muß fallen, mag kommen, was da will!« Da, endlich ein günstiger Augenblick. Der Gegner hat mich scheinbar verloren und fliegt geradeaus. Im Bruchteil einer Sekunde sitze ich ihm mit meiner guten Maschine im Nacken. Eine kurze Serie aus meinem Maschinengewehr. Ich war so nahe dran, daß ich Angst hatte, ihn zu rammen. Da plötzlich, fast hätte ich einen Freudenjauchzer ausgestoßen, denn der Propeller des Gegners drehte sich nicht mehr. Hurrra! Getroffen! Der Motor war zerschossen, und der Feind mußte bei uns landen, da ein Erreichen seiner Linien ausgeschlossen war. Auch merkte ich an den schwankenden Bewegungen des Apparates, daß irgendwas mit dem Führer nicht mehr ganz in Ordnung war. Auch der Beobachter war nicht mehr zu sehen, sein Maschinengewehr ragte ohne Bedienung in die Luft. Ich hatte ihn also getroffen, und er mußte am Boden seiner Karosserie liegen.

Der Engländer landete irgendwo unmittelbar

neben dem Flughafen eines mir bekannten Geschwaders. Ich war so aufgeregt, daß ich mir das Landen nicht verkneifen konnte, und landete in dem mir fremden Flughafen, wo ich fast im Eifer meine Maschine noch auf den Kopf stellte. Die beiden Flugzeuge, der Engländer und meines, waren nicht sehr weit voneinander entfernt. Ich lief gleich hin und sah bereits eine Menge Soldaten nach dem Gegner hinströmen. Dort angekommen, fand ich, daß meine Annahme stimmte. Der Motor war zerschossen und beide Insassen schwer verletzt. Der Beobachter starb gleich, der Führer auf dem Transport zum nahen Lazarett. Meinem in Ehren gefallenen Gegner setzte ich zum Andenken einen Stein auf sein schönes Grab.

Als ich nach Hause kam, saß Boelcke mit den anderen Kameraden bereits beim Frühstück und wunderte sich sehr, wo ich so lange geblieben war. Stolz meldete ich zum ersten Male: »Einen Engländer abgeschossen.« Sofort jubelte alles, denn ich war nicht der einzige; außer Boelcke, der, wie üblich, seinen Frühstückssieg hatte, war jeder von uns Anfängern zum ersten Male Sieger im Luftkampf geblieben.

Ich möchte bemerken, daß seitdem kein englisches Geschwader sich mehr bis Cambrai getraute, solange es dort eine Jagdstaffel Boelcke gab.

Somme-Schlacht

Ich habe in meinem ganzen Leben kein schöneres Jagdgefilde kennengelernt als in den Tagen der Somme-Schlacht. Morgens, wenn man aufgestanden, kamen schon die ersten Engländer, und die letzten verschwanden, nachdem schon lange die Sonne untergegangen war. »Ein Dorado für die Jagdflieger«, hat Boelcke einmal gesagt. Es ist damals die Zeit gewesen, wo Boelcke in zwei Monaten mit seinen Abschüssen von zwanzig auf vierzig gestiegen war. Wir Anfänger hatten damals noch nicht die Erfahrung wie unser Meister und waren ganz zufrieden, wenn wir nicht selbst Senge bezogen. Aber schön war es! Kein Start ohne Luftkampf. Oft große Luftschlachten von vierzig bis sechzig Engländern gegen leider nicht immer so viele Deutsche. Bei ihnen macht es die Quantität und bei uns die Qualität.

Aber der Engländer ist ein schneidiger Bursche, das muß man ihm lassen. Er kam ab und zu in ganz niedriger Höhe und besuchte Boelcke auf seinem Platz mit Bomben. Er forderte zum Kampf förmlich heraus und nahm ihn auch stets an. Ich habe kaum einen Engländer getroffen, der den Kampf verweigert hätte, während der Franzose es vorzieht, jede Berührung mit dem Gegner in der Luft peinlichst zu vermeiden.

Es waren schöne Zeiten bei unserer Jagdstaffel. Der Geist des Führers übertrug sich auf seine Schüler. Wir konnten uns blindlings seiner Führung anvertrauen. Die Möglichkeit, daß einer im Stich gelassen wurde, gab es nicht. Der Gedanke kam einem überhaupt nicht. Und so räumten wir flott und munter unter unseren Feinden auf.

An dem Tage, an dem Boelcke fiel, hatte die Staffel schon vierzig. Jetzt hat sie weit über hundert. Der Geist Boelckes lebt fort unter seinen tüchtigen Nachfolgern.

Boelcke †
(28. Oktober 1916)

Eines Tages flogen wir wieder einmal unter der Führung des großen Mannes gegen den Feind. Man hatte stets ein so sicheres Gefühl, wenn er dabei war. Es gab eben nur einen Boelcke. Ein sehr stürmisches Wetter. Viel Wolken. Andere Flieger flogen an dem Tage überhaupt nicht, nur der Jagdflieger.

Schon von weitem sahen wir an der Front zwei freche Engländer, denen scheinbar das schlechte Wetter auch mal Spaß machte. Wir waren sechs, drüben waren zwei. Wären es zwanzig gewesen, uns hätte das Zeichen von Boelcke zum Angriff auch nicht weiter in Erstaunen gesetzt.

Es beginnt der übliche Kampf. Boelcke hatte den einen vor und ich den anderen. Ich muß ablassen, weil ich von einem eigenen gestört werde. Ich sehe mich um und beobachte, wie etwa zweihundert Meter neben mir Boelcke sein Opfer gerade verarbeitet.

Es war wieder das übliche Bild. Boelcke schießt einen ab, und ich kann zusehen. Dicht neben Boelcke fliegt ein guter Freund von ihm. Es war ein interessanter Kampf. Beide schossen, jeden Augenblick mußte der Engländer stürzen. Plötzlich ist eine unnatürliche Bewegung in den beiden deutschen Flugzeugen zu beobachten. Es zuckt mir durchs Hirn: Zusammenstoß. Ich habe sonst nie einen Zusammenstoß in der Luft gesehen und hatte mir so etwas viel anders vorgestellt. Es war auch kein Zusammenstoß, sondern mehr ein Berühren. Aber in der großen Geschwindigkeit, die so ein Flugzeug hat, ist jede leise Berührung ein heftiger Aufprall.

Boelcke läßt sofort von seinem Opfer ab und geht in großem Kurvengleitflug zur Erde hinunter. Noch immer hatte ich nicht das Gefühl eines Absturzes, aber wie er unter mir durchgleitet, erkenne ich, daß ein Teil seiner Tragflächen abgebrochen ist. Was nun folgte, konnte ich nicht beobachten, aber in den Wolken verlor er eine Tragfläche ganz. Da war das Flugzeug steuerlos, und er stürzte ab, immer begleitet von seinem treuen Freund. Als wir zu Haus ankamen, war bereits die Meldung da: »Unser Boelcke tot!« Man konnte es nicht fassen.

Am schmerzlichsten empfand es natürlich derjenige, dem das Unglück zustoßen mußte.

Es ist eigentümlich, daß jeder Mensch, der Boelcke kennenlernte, sich einbildete, er sei der einzig wahre Freund von ihm. Ich habe von diesen einzig wahren Freunden Boelckes etwa vierzig kennengelernt, und jeder bildete sich ein, er sei der einzige. Menschen, deren Name Boelcke nie gewußt hat, glaubten, sie stünden ihm besonders nahe. Es ist eine eigentümliche Erscheinung, die ich nur bei ihm beobachtet habe. Einen persönlichen Feind hat er nie gehabt. Er war gegen jedermann gleichmäßig liebenswürdig, zu keinem mehr, zu keinem weniger.

Der einzige, der ihm vielleicht etwas näher stand, hatte das eben beschriebene Unglück mit ihm.

Nichts geschieht ohne Gottes Fügung. Das ist ein Trost, den man sich in diesem Kriege so oft sagen muß.

Der Achte

Acht war zu Boelckes Zeiten eine ganz anständige Zahl. Jeder, der heutzutage von den kolossalen Zahlen der Abschüsse hört, muß zu der Überzeugung kommen, daß das Abschießen leichter geworden ist. Ich kann ihm nur eins versichern, daß dieses von Monat zu Monat, ja, von Woche zu Woche schwieriger wird. Natürlich bietet sich die Gelegenheit jetzt öfters, abzuschießen; aber leider wird die Möglichkeit, selbst abgeschossen zu werden, ebenfalls größer. Die Bewaffnung des Gegners wird immer besser, seine Zahl immer größer. Als Immelmann seinen ersten abschoß, hatte er sogar das Glück, einen Gegner zu finden, der gar kein Maschinengewehr bei sich hatte. Solche Häschen findet man jetzt höchstens noch über Johannisthal. Am 9. November 1916 flog ich mit meinem kleinen Kampfgenossen, dem achtzehnjährigen Immelmann, gegen den Feind. Wir waren zusammen bei der Jagdstaffel Boelcke, kannten uns schon vorher und hatten uns immer sehr gut vertragen. Kameradschaft ist die Hauptsache. Wir zogen los. Ich hatte schon sieben, Immelmann fünf. Für damalige Zeiten eine ganze Menge.

Wir sind ganz kurze Zeit an der Front, da sehen wir ein Bombengeschwader. Es kommt sehr frech geflogen. In ungeheurer Zahl kommen sie natürlich wieder an, wie überhaupt immer während der Somme-Schlacht. Ich glaube, in dem Geschwader waren etwa vierzig bis fünfzig, genau kann ich die Zahl nicht angeben. Sie hatten sich gar nicht weit weg von unserem Flughafen ein Ziel für ihre Bomben ausgesucht. Kurz vor dem Ziel erreichte ich den letzten der Gegner. Wohl gleich meine ersten Schüsse machten den Maschinengewehrschützen im feindlichen Flugzeug kampfunfähig, mochten wohl auch den Piloten etwas gekitzelt haben, jedenfalls entschloß er sich zur Landung mitsamt seinen Bomben. Ich brannte ihm noch einige auf den Bast, dadurch wurde das Tempo, in dem er die Erde zu erreichen suchte, etwas größer, er stürzte nämlich ab und fiel ganz in die Nähe unseres Flughafens Lagnicourt.

Immelmann war zur selben Zeit gleichfalls in einen Kampf mit einem Engländer verwickelt und hatte auch einen Gegner zur Strecke gebracht, gleichfalls in derselben Gegend. Schnell flogen wir nach Hause, um uns unsere abgeschossenen Maschinen ansehen zu können. Wir fahren im Auto bis in die Nähe meines Gegners und müssen dann sehr lange durch tiefen Acker laufen. Es war sehr heiß, deshalb knöpfte ich mir alles auf, sogar das Hemd und den Kragen. Die Jacke zog ich aus, die Mütze ließ ich im Auto, dafür nahm ich einen großen Knotenstock mit, die Stiefel waren bis an die Knie voll Schmutz.

Ich sah also wüst aus. So komme ich in die Nähe meines Opfers. Natürlich hat sich schon eine Unmenge Menschen drumrum angesammelt.

Eine Gruppe von Offizieren steht etwas abseits. Ich gehe auf sie zu, begrüße sie und frage den ersten besten, ob er mir nicht erzählen könnte, wie der Luftkampf ausgesehen habe, denn es interessiert hinterher immer sehr, von den anderen, die von unten zugesehen haben, zu erfahren, wie der Luftkampf ausgesehen hat. Da erfahre ich, daß die Engländer Bomben geworfen haben und dieses Flugzeug noch seine Bomben bei sich hatte. Der betreffende Herr nimmt mich am Arm, geht auf die Gruppe der anderen Offiziere zu, fragt noch schnell nach meinem Namen und stellt mich den Herren vor. Es war mir nicht angenehm, denn ich hatte, wie gesagt, meine Toilette etwas derangiert. Und die Herren, mit denen ich jetzt zu tun hatte, sahen alle totschick angezogen aus. Ich wurde einer Persönlichkeit vorgestellt, die mir nicht so ganz geheuer erschien. Generalshosen, einen Orden zum Hals heraus, dafür aber ein verhältnismäßig jugendliches Gesicht, undefinierbare Achselstücke – kurz und gut, ich wittere etwas Außerordentliches, knöpfe mir im Laufe der Unterhaltung Hose und Kragen zu und nehme eine etwas militärische Form an. Wer es war, wußte ich nicht. Ich verabschiede mich wieder, fahre nach Hause. Abends klingelt das Telephon, und ich erfahre nun, daß dies Seine

Königliche Hoheit der Herzog von Sachsen-Koburg-Gotha war. Ich werde zu ihm befohlen. Es war bekannt, daß die Engländer die Absicht hatten, auf seinen Stab Bomben zu werfen. So hätte ich dazu beigetragen, ihm die Attentäter vom Leibe zu halten. Dafür bekam ich die Sachsen-Koburg-Gothaische Tapferkeitsmedaille.

Sie macht mir jedesmal Spaß, wenn ich sie sehe.

Major Hawker

Am stolzesten war ich, als ich eines schönen Tages hörte, daß der von mir am 23. November 1916 abgeschossene Engländer der englische Immelmann war.

Dem Luftkampf nach hätte ich mir's schon denken können, daß es ein Mordskerl war, mit dem ich es zu tun hatte.

Ich flog quietschvergnügt eines schönen Tages wieder mal auf Jagd und beobachtete drei Engländer, die scheinbar auch nichts anderes vorhatten als zu jagen. Ich merkte, wie sie mit mir liebäugelten, und da ich gerade viel Lust zum Kampfe hatte, ließ ich mich darauf ein. Ich war tiefer als der Engländer, folglich mußte ich warten, bis der Bruder auf mich 'runterstieß. Es dauerte auch nicht lange, schon kam er angesegelt und wollte mich von hinten fassen. Nach den ersten fünf Schüssen mußte der Kunde schon wieder aufhören, denn ich lag bereits in einer scharfen Linkskurve. Der Engländer versuchte, sich hinter mich zu setzen, während ich versuchte, hinter den Engländer zu kommen. So drehten wir uns beide wie die Wahnsinnigen im Kreise mit vollaufendem Motor in dreitausend-fünfhundert Metern Höhe. Erst zwanzigmal linksrum, dann dreißigmal rechtsrum, jeder darauf bedacht, über und hinter den anderen zu kommen. Ich hatte bald spitz, daß ich es mit keinem Anfänger zu tun hatte, denn es fiel ihm nicht im Traum ein, den Kampf abzubrechen. Er hatte zwar eine sehr wendige Kiste, aber meine stieg dafür besser, und so gelang es mir, über und hinter den Engländer zu kommen.

Nachdem wir so zweitausend Meter tief gekommen waren, ohne ein Resultat erreicht zu haben, mußte mein Gegner eigentlich merken, daß nun die höchste Zeit für ihn war, sich zu drücken, denn der für mich günstige Wind trieb uns immer mehr auf unsere Stellen zu, bis ich schließlich beinahe über Bapaume, etwa einen Kilometer hinter unserer Front, angekommen war. Der freche Kerl besaß nun noch die Unverschämtheit und winkte mir, als wir bereits in tausend Meter Höhe waren, ganz vergnügt zu, als wollte er sagen: »Well, well, how do you do?«

Die Kreise, die wir umeinander machten, waren so eng, daß ich sie nicht weiter als achtzig bis hundert Meter schätzte. Ich hatte Zeit, mir meinen Gegner anzusehen. Ich guckte ihm senkrecht in die Karosserie und konnte jede Kopfbewegung beobachten. Hätte er nicht seine Kappe aufgehabt, so hätte ich sagen können, was für ein Gesicht er schnitt.

Allmählich wurde selbst dem braven Sportsmann dies doch etwas zu bunt, und er mußte sich schließlich entscheiden, ob er bei uns landen wollte oder zu seinen Linien zurückfliegen. Natürlich versuchte er letzteres, nachdem er durch einige Loopings und solche Witze vergeblich probiert hatte, sich mir zu entziehen. Dabei flogen meine ersten blauen Bohnen ihm um die Ohren, denn bis jetzt war keiner zu Schuß gekommen. In hundert Metern Höhe versuchte er, durch Zickzackflüge, während deren sich von dem Beobachter bekanntlich schlecht schießen läßt, nach der Front zu entkommen. Jetzt war der gegebene Moment für mich. Ich folgte ihm in fünfzig bis dreißig Metern Höhe, unentwegt feuernd. So mußte der Engländer fallen. Beinahe hätte mich eine Ladehemmung noch um meinen Erfolg gebracht.

Mit Kopfschuß stürzte der Gegner ab, etwa fünfzig Meter hinter unserer Linie. Sein Maschinengewehr rannte in die Erde und ziert jetzt den Eingang über meiner Haustür.

Pour le mérite

Der Sechzehnte ist gefallen. Ich stand somit an der Spitze sämtlicher Jagdflieger. Dieses war das Ziel, das ich erreichen wollte. Das hatte ich scherzhalber mal vor einem Jahr zu meinem Freund Lynker gesagt, als wir zusammen schulten und er mich fragte: »Was ist denn Ihr Ziel – was wollen Sie erreichen als Flieger?« Da meinte ich so scherzhaft: »Nun, so an der Spitze der Jagdflieger zu fliegen, muß doch ganz schön sein!« Daß dies mal Tatsache würde, habe weder ich mir zugetraut noch andere Menschen mir. Bloß Boelcke soll einmal gesagt haben – natürlich nicht mir direkt persönlich, aber man hat es mir nachher erzählt – wie er gefragt wurde: »Wer hat denn Aussicht, mal ein guter Jagdflieger zu werden?« da soll er mit dem Finger auf mich gezeigt und gesagt haben: »Das ist der Mann!«

Boelcke und Immelmann hatten mit dem Achten den Pour le mérite bekommen. Ich hatte das Doppelte. Was wird sich nun ereignen? Ich war sehr gespannt. Man munkelte, ich würde eine Jagdstaffel bekommen. Da kommt eines Tages ein Telegramm: »Leutnant v. R. zum Führer der Jagdstaffel 11 ernannt.« Ich muß sagen, ich habe mich geärgert. Man hatte sich so schön mit den Kameraden der Jagdstaffel Boelkke eingearbeitet. Nun wieder ganz von neuem anzufangen, das Einleben, usw. war langweilig. Außerdem wäre mir der Pour le mérite lieber gewesen.

Nach zwei Tagen – wir sitzen gemütlich bei der Jagdstaffel Boelcke und feiern meinen Abschied –, da kommt das Telegramm aus dem Hauptquartier, daß Majestät die Gnade hatte, mir den Pour le mérite zu verleihen. Da war die Freude natürlich groß. Es war ein Pflaster auf das Vorangegangene.

*

Ich hatte es mir nicht so nett vorgestellt, selbst eine Jagdstaffel zu führen, wie es nachher in Wirklichkeit geworden ist. Ich habe mir nie träumen lassen, daß es mal eine Jagdstaffel Richthofen geben würde.

»Le petit rouge«

Aus irgendwelchen Gründen kam ich eines schönen Tages auf den Gedanken, mir meine Kiste knallrot anzupinseln. Der Erfolg war der, daß sich mein roter Vogel jedem Menschen unbedingt aufdrängte. Auch meinen Gegnern schien dies tatsächlich nicht ganz unbekannt geblieben zu sein.

Gelegentlich eines Kampfes, der sich sogar an einer anderen Frontstelle abspielte wie die übrigen, glückte es mir, einen zweisitzigen Vickers, der ganz friedlich unsere Artilleriestellung photographierte, anzuschießen. Der Gegner kam gar nicht dazu, sich zu wehren, und mußte sich beeilen, auf die Erde zu kommen, denn er fing schon an, verdächtige Zeichen des Brennens von sich zu geben. Wir nennen das: »er stinkt.« Wie sich herausstellte, war es auch tatsächlich Zeit, denn der Apparat fing kurz über der Erde an, in hellen Flammen zu brennen.

Ich fühlte ein menschliches Mitleid mit meinem Gegner und hatte mich entschlossen, ihn nicht zum Absturz zu bringen, sondern ihn nur zur Landung zu zwingen, zumal ich das Gefühl hatte, daß der Gegner schon verwundet war, denn er brachte keinen Schuß 'raus.

In etwa fünfhundert Metern Höhe zwang mich ein Defekt an meiner Maschine, im normalen Gleitflug, ohne eine Kurve machen zu können, gleichfalls zu landen. Nun ereignete sich etwas ganz Komisches. Mein Feind landete mit seiner brennenden Maschine glatt, während ich als Sieger unmittelbar daneben in den Drahthindernissen der Schützengräben einer unserer Reservestellungen mich überschlug.

Es folgte eine sportliche Begrüßung der beiden Englishmen mit mir, die wegen meines Bruches nicht wenig erstaunt waren, da sie, wie bereits erwähnt, keinen Schuß auf mich abgegeben hatten und sich den Grund meiner Notlandung gar nicht vorstellen konnten. Es waren dies die ersten Engländer, die ich lebendig heruntergebracht habe. Deshalb machte es mir besonders Spaß, mich mit ihnen zu unterhalten. Ich fragte sie unter anderem, ob sie meine Maschine schon einmal in der Luft gesehen hätten. »Oh yes,« sagte der eine, »die kenne ich ganz genau. Wir nennen sie ›le petit rouge‹.«

Nun kommt eine echt englische – in meinen Augen – Gemeinheit. Er fragte mich, weshalb ich mich vor der Landung so unvorsichtig benommen hätte. Der Grund lag darin, daß ich nicht anders konnte. Da sagte der Schurke, er hätte versucht, in den letzten dreihundert Metern auf mich zu schießen, habe aber Ladehemmung gehabt. Ich gebe ihm Pardon – er nimmt es an und vergilt es mir nachher mit einem hinterlistigen Überfall.

Seitdem habe ich keinen meiner Gegner wieder sprechen können, aus einem naheliegenden Grund.

Englische und
französische Fliegerei

(Februar 1917)

Zurzeit bin ich bemüht, der Jagdstaffel Boelcke Konkurrenz zu machen. Abends legen wir uns gegenseitig die Strecke vor. Aber es sind verteufelte Kerls da drüben. Zu schlagen sind sie nie. Höchstens, daß man der Staffel gleichkommt. Hundert haben sie ja schon Vorsprung. Diesen Vorsprung muß ich ihnen lassen. Es hängt ja viel davon ab, welchem Gegner man gegenüber liegt, ob man die laurigen Franzosen oder die schneidigen Kerls, die Engländer, gegenüber hat. Mir ist der Engländer lieber. Der Franzose kneift, der Engländer selten. Oft kann man sogar hier von Dummheit sprechen; sie bezeichnen dies dann wohl als Draufgängertum.

Es ist das Schöne beim Jagdflieger, daß es auf keinerlei Kunststücke bei ihm ankommt, sondern lediglich persönlicher Schneid das Ausschlaggebende bleibt. Es kann einer ein ganz herrlicher Sturz- und Loopingflieger sein. Er braucht deshalb noch lange keinen abzuschießen. Meiner Ansicht nach macht das Draufgehen alles, und das liegt uns Deutschen ja. Deshalb werden wir stets die Oberherrschaft in der Luft behalten.

Dem Franzosen liegt es, aus dem Hinterhalt zu überfallen und einem anderen aufzulauern. Das läßt sich in der Luft schlecht machen. Überrumpeln läßt sich nur ein Anfänger. Auflauern geht nicht, da man sich ja nicht verstecken kann, auch ist das unsichtbare Flugzeug noch nicht erfunden. Ab und zu braust wohl mal das gallische Blut in ihm auf. Dann setzt er zum Angriff an; aber es ist wohl mit einer Brauselimonade zu vergleichen. Für einen Augenblick furchtbar viel Mut, der ebenso schnell vollständig schwindet. Das zähe Durchhalten fehlt ihm.

Dem Engländer dagegen merkt man eben doch ab und zu noch etwas von seinem Germanenblut an. Auch liegt dem Sportsmann das Fliegen sehr, aber sie verlieren sich zu sehr in dem Sportlichen. Sie haben genug Vergnügen daran, Loopings, Sturzflüge, Auf-dem-Rückenfliegen und ähnliche Scherze unseren Leuten im Schützengraben vorzumachen. Dies macht wohl bei der Johannisthaler Sportswoche Eindruck, aber der Schützengraben ist nicht so dankbar wie dieses Publikum.

Er verlangt mehr. Es soll immer englisches Pilotenblut regnen.

Selbst abgeschossen
(Mitte März 1917)

Abgeschossen ist eigentlich ein falscher Ausdruck für das, was mir heute passiert ist. Ich nenne abgeschossen im allgemeinen nur den, der 'runterplumpst, aber heute habe ich mich wieder gefangen und kam noch ganz heil 'runter.

Ich bin im Geschwader und sehe einen Gegner, der gleichfalls im Geschwader fliegt. Etwa über unserer Artilleriestellung in der Gegend von Lens. Ich habe noch ein ganzes Stückchen zu fliegen, bis ich die Gegend erreiche. Es ist das der nervenkitzelndste Augenblick, das Anfliegen an den Gegner, wenn man den Feind schon sieht und noch einige Minuten Zeit hat, bis man zum Kampf kommt. Ich glaube, ich werde dann immer etwas bleich im Gesicht, aber ich habe leider noch nie einen Spiegel mitgehabt. Ich finde diesen Augenblick schön, denn er ist überaus nervenkitzelnd, und all so etwas liebe ich. Man beobachtet den Gegner schon von weitem, hat das Geschwader als feindlich erkannt, zählt die feindlichen Apparate, wägt die ungünstigen und günstigen Momente ab. So zum Beispiel spielt es eine ungeheure Rolle, ob der Wind mich im Kampfe von meiner Front abdrängt oder auf meine Front zudrückt. So habe ich mal einen Engländer abgeschossen, dem ich den Todesschuß jenseits der feindlichen Linien gegeben habe, und 'runtergeplumpst ist er bei unseren Fesselballons, so weit hat ihn der Sturm noch 'rübergetrieben.

Wir waren fünf, der Gegner war dreimal so stark. Wie ein großer Mückenschwarm flogen die Engländer durcheinander. So einen Schwarm, der so gut zusammenfliegt, zum Zersprengen zu bringen, ist nicht leicht, für den einzelnen ausgeschlossen, für mehrere äußerst schwierig, besonders, wenn die Zahlenunterschiede so ungünstig sind wie in unserem Falle. Aber man fühlt sich dem Gegner derartig überlegen, daß man keinen Augenblick an dem sicheren Erfolg zweifelt. Der Angriffsgeist, also die Offensive, ist die Hauptsache, wie überall, so auch in der Luft. Aber der Gegner dachte ebenso. Das sollte ich gleich merken. Kaum sah er uns, so machte er umgehend kehrt und griff uns an. Da hieß es für uns fünf Männeken: Aufgepaßt! Hängt einer ab, so kann es ihm dreckig gehen. Wir schlossen uns ebenfalls zusammen und ließen die Herren etwas nähertreten. Ich paßte auf, ob nicht einer von den Brüdern sich etwas von den anderen absentierte. Da – einer ist so dumm. Ich kann ihn erreichen. »Du bist ein verlorenes Kind.« Auf ihn mit Gebrüll. Jetzt hab' ich ihn erreicht oder muß ihn gleich erreichen. Er fängt bereits an zu schießen, ist also etwas nervös. Ich dachte mir: »Schieß' du nur, du triffst ja doch nicht!« Er schoß mit einer

Leuchtspurmunition, die an mir sichtbar vorbeiflog. Ich kam mir vor wie in dem Spritzenkegel einer Gießkanne. Nicht angenehm, aber die Engländer schießen fast durchweg mit diesem gemeinen Zeug, also muß man sich daran gewöhnen. Der Mensch ist ein Gewohnheitstier, denn in diesem Augenblick, glaube ich, habe ich gelacht. Bald sollte ich aber eines Besseren belehrt werden.

Jetzt bin ich beinahe ganz heran, etwa hundert Meter, das Gewehr ist entsichert, ich ziele noch einmal Probe, gebe einige Probeschüsse, die Gewehre sind in Ordnung. Nicht mehr lange kann es dauern. Im Geiste sah ich den Gegner schon plumpsen. Die Aufregung von vorhin ist vorüber. Man denkt ganz ruhig und sachlich, wägt die Treffwahrscheinlichkeiten von ihm und von mir ab. Überhaupt ist der Kampf selbst am wenigsten aufregend in den meisten Fällen, und wer sich dabei aufregt, macht einen Fehler. Er wird nie einen abschießen. Auch ist es wohl Gewohnheitssache. Jedenfalls habe ich in diesem Falle keinen Fehler gemacht. Nun bin ich auf fünfzig Meter 'ran, jetzt einige gute Schüsse, dann kann der Erfolg nicht ausbleiben. So dachte ich mir. Aber mit einem Male gibt es einen großen Knall, ich habe kaum zehn Schuß heraus, gleich darauf klatscht es wieder in meiner Maschine. Es ist mir klar, ich bin getroffen. Wenigstens meine Maschine, ich für meine Person nicht. Im selben Augenblick stinkt es ganz ungeheuerlich nach Benzin, auch läßt der Motor nach. Der Engländer merkt es, denn er schießt nun um so mehr. Ich muß sofort ablassen.

Senkrecht geht es 'runter. Unwillkürlich habe ich den Motor abgestellt. Es war auch höchste Zeit. Wenn der Benzintank durchlöchert ist und das Zeug einem so um die Beine spritzt, ist die Gefahr des Brennens doch groß. Vor sich hat man einen über einhundertundfünfzig »Pferde« starken Explosionsmotor, also glühend heiß. Ein Tropfen Benzin, und die ganze Maschine brennt. Ich hinterlasse in der Luft einen weißen Streifen. Ich kenne ihn beim Gegner genau. Es sind dies die Vorzeichen der Explosion. Noch bin ich dreitausend Meter hoch, habe also noch ein ganzes Ende bis auf die Erde. Gott sei Dank hört der Motor auf zu laufen. Die Geschwindigkeit, die das Flugzeug erreicht, kann ich nicht berechnen. Sie ist jedenfalls so groß, daß ich nicht den Kopf herausstecken kann, ohne durch den Windzug hintenüber gedrückt zu werden.

Bald bin ich den Gegner los und habe nun noch Zeit, bis ich auf die Erde komme, zu sehen, was denn meine vier anderen Herren machen. Sie sind noch im Kampf. Man hört das Maschinengewehrfeuer des Gegners und das der eignen. Plötzlich eine Rakete. Ist es das Leuchtsignal eines Gegners! Aber nein. Dafür ist es zu groß. Es wird immer größer. Es brennt einer. Aber was für einer? Die Maschine sieht genauso aus wie unsere. Gott sei Dank, es ist ein Gegner. Wer mag ihn abgeschossen haben? Gleich darauf fällt aus dem Geschwader ein zweites Flugzeug heraus, ähnlich wie ich, senkrecht nach unten, überschlägt sich sogar, überschlägt sich immer noch – da – jetzt hat es sich gefangen. Fliegt geradeaus genau auf mich zu. Auch ein Albatros. Gewiß ist es ihm so gegangen wie mir.

Ich bin wohl noch einige Hundert Meter hoch und muß mich so sachte umgucken, wo ich denn landen will. Denn so eine Landung ist meistens mit Bruch verbunden. Und so ein Bruch läuft nicht immer günstig ab, also – aufpassen. Ich finde eine Wiese, nicht sehr groß, aber sie genügt gerade, wenn man etwas vorsichtig zu Werke geht. Außerdem liegt sie mir günstig, direkt an der Chaussee bei Hénin-Liétard. Dort will ich auch landen. Es geht alles glatt. Mein erster Gedanke ist: Wo bleibt der andere? Er landet einige Kilometer von mir entfernt.

Ich habe nun Zeit, mir den Schaden zu beschauen. Einige Treffer sind darin, aber der Treffer, der mich veranlaßt hat, den Kampf abzubrechen, ist einer durch beide Benzintanks. Ich habe keinen Tropfen Benzin mehr drin, der Motor ist gleichfalls angeschossen. Schade um ihn, er lief noch so gut.

Die Beine lasse ich herausbaumeln aus der Maschine und mag wohl ein ziemlich törichtes Gesicht gemacht haben. Sofort hat sich eine große Menge Soldaten um mich versammelt. Da kommt ein Offizier. Er ist ganz außer Atem. Sehr aufgeregt! Gewiß ist ihm was Schreckliches passiert. Er stürzt auf mich zu, schnappt nach Luft und fragt: »Hoffentlich ist Ihnen nichts passiert? Ich habe die ganze Sache beobachtet und bin ja so aufgeregt! Herrgott, das sah schrecklich aus!« Ich versicherte ihm, daß mir gar nichts fehlte, sprang herunter, stellte mich vor. Selbstverständlich verstand er keinen Ton von meinem Namen. Aber er forderte mich auf, mit seinem Automobil in das nahe Hénin-Liétard hineinzufahren, wo sein Quartier war. Es war ein Pionieroffizier.

Wir sitzen bereits in dem Wagen und fahren gerade an. Mein Gastgeber hat sich noch immer nicht beruhigt. Plötzlich erschrickt er und fragt: »Herrgott, wo ist denn Ihr Kraftfahrer?« Zuerst wußte ich nicht recht, was er meinte, guckte ihn wohl etwas verwirrt an. Dann wurde mir klar, daß er mich für den Beobachter eines zweisitzigen Flugzeuges hielt und nach meinem Flugzeugführer fragte. Schnell faßte ich mich und sagte ganz trocken: »Ich fahre allein.« Das Wort »fahren« ist in der Fliegertruppe verpönt. Man fährt nicht, man »fliegt«. In den Augen des braven Herrn war ich ganz entschieden durch die Tatsache, daß ich allein »fahre«, sichtbar gesunken. Die Unterhaltung wurde etwas spröder.

Da kommen wir in seinem Quartier an. Ich habe noch immer meine schmutzige Öllederjakke an, einen dicken Schal um. Unterwegs hat er mich natürlich mit unendlich vielen Fragen bestürmt. Überhaupt war der ganze Herr bedeutend mehr aufgeregt als ich. Da zwang er mich, auf einem Sofa mich hinzulegen, oder wollte dies tun mit der Begründung, daß ich doch von meinem Kampf noch ganz echauffiert sein müßte. Ich versicherte ihm, daß ich schon manchmal luftgekämpft hätte, was ihm aber gar nicht in den Kopf kommen wollte. Ich sah gewiß nicht sehr kriegerisch aus.

Nach einiger Unterhaltung kommt er natürlich mit der berühmten Frage: »Haben Sie schon einmal einen abgeschossen?« Meinen Namen hatte er, wie gesagt, nicht gehört. »Ach ja«, sagte ich, »ab und zu.« »So – so haben Sie etwa schon zwei abgeschossen?« »Nein, aber vierundzwanzig.« Er lächelt, wiederholt seine Frage und meint, unter »abgeschossen« verstehe er einen, der 'runtergefallen sei und unten liegenbliebe. Ich versicherte ihm, das wäre auch meine Auffassung davon. Jetzt war ich ganz unten durch, denn jetzt hielt er mich für einen mächtigen Aufschneider. Er ließ mich sitzen und sagte mir, daß in einer Stunde gegessen würde, und wenn es mir recht sei, könne ich ja mitessen. Nun machte ich doch von seinem Anerbieten Gebrauch und schlief eine Stunde fest. Dann gingen wir 'rüber ins Kasino. Hier pellte ich mich aus und hatte zum Glück meinen Pour le mérite um. Leider aber keine Uniformjacke darunter, sondern nur eine Weste. Ich bitte um Entschuldigung, daß ich nicht besser angezogen bin, und mit einem Male entdeckt mein guter Häuptling an mir den Pour le mérite. Er wird sprachlos vor Erstaunen und versichert mir, daß er nicht wüßte, wie ich heiße. Ich sagte ihm nochmals meinen Namen. Jetzt schien ihm etwas zu dämmern, daß er wohl schon mal von mir gehört hatte. Ich bekam nun Austern und Schampus zu trinken und lebte eigentlich recht gut, bis schließlich Schäfer kam und mich mit meinem Wagen abholte. Von ihm erfuhr ich, daß Lübbert wieder mal seinem Spitznamen Ehre gemacht hatte. Er hieß nämlich unter uns »Kugelfang«, denn in jedem Luftkampf wurde seine Maschine arg mitgenommen. Einmal wies sie vierundsechzig Treffer auf, ohne daß er selbst verwundet war. Diesmal hatte er einen Streif-schuß an der Brust bekommen und lag bereits im Lazarett. Seine Maschine flog ich gleich nach dem Hafen. Leider ist dieser hervorragende Offizier, der das Zeug dazu hatte, einmal ein Boelcke zu werden, einige Wochen später den Heldentod fürs Vaterland gestorben.

Am Abend kann ich meinem Gastgeber aus Hénin-Liétard noch Bescheid sagen, daß ich heute ein Viertelhundert voll gemacht habe.

Ein Fliegerstückchen

(Ende März 1917)

Der Name Siegfried-Stellung ist wohl jedem Jüngling im Deutschen Reiche bekannt. In den Tagen, in denen wir uns gegen diese Stellungen zurückzogen, gab es natürlich in der Luft auch eine rege Tätigkeit. Der Gegner hatte zwar unser verlassenes Gebiet auf der Erde bereits besetzt, die Luft dagegen überließen wir den Engländern nicht so bald, dafür sorgte Jagdstaffel Boelcke. Nur ganz vorsichtig wagten sich die Engländer aus ihrem bisherigen Stellungskrieg in der Luft hervor.

Es ist das die Zeit, wo unser lieber Prinz Friedrich Karl sein Leben dem Vaterland opferte.

Bei einem Jagdflug der Jagdstaffel Boelcke hatte Leutnant Voß einen Engländer im Luftkampf besiegt. Er wurde von seinem Bezwinger auf die Erde gedrückt und landete in dem Gebiet, das man wohl als neutrales Gebiet bezeichnen kann. Wir hatten es zwar schon verlassen, der Gegner aber noch nicht besetzt. Nur Patrouillen, sowohl englische wie deutsche, hielten sich in dieser unbesetzten Zone auf. Das englische Flugzeug stand zwischen den Linien. Der brave Englishman hatte wohl geglaubt, daß dieses Gebiet bereits von den Seinen besetzt wäre, zu welcher Annahme er auch berechtigt war. Voß war aber anderer Meinung. Kurz entschlossen landete er neben seinem Opfer. Mit großer Geschwindigkeit montierte er die feindlichen Maschinengewehre und sonst noch brauchbare Teile aus der Maschine ab und verfrachtete sie in der seinen, griff zum Streichholz, und in wenigen Augenblicken stand die Maschine in hellen Flammen. Eine Minute später winkte er den von allen Seiten herbeiströmenden Engländern aus seinem sieggewohnten Luftroß freundlich zu.

Erste Dublette

Der 2. April 1917 war wieder einmal ein heißer Tag für meine Staffel. Von meinem Platze aus konnten wir deutlich das Trommelfeuer hören, und gerade heute war es mal wieder sehr heftig.

Ich lag noch im Bett, da kommt mein Bursche zu mir hereingestürzt mit dem Ausruf: »Herr Leutnant, die Engländer sind schon da!« Noch etwas verschlafen gucke ich zum Fenster 'raus, und tatsächlich, da kreisen über dem Platz bereits meine lieben Freunde. Ich 'raus aus meinem Bett, die Sachen angezogen, war eins. Mein roter Vogel stand zur Morgenarbeit am Start. Meine Monteure wußten, daß ich diesen günstigen Augenblick wohl nicht ungenützt vorübergehen lassen würde. Alles war fertig. Schnell noch die Warmpelze, dann geht's los.

Ich war als letzter gestartet. Meine anderen Kameraden waren dem Feind viel näher. Ich fürchtete schon, daß mir mein Braten entgehen würde, so daß ich von weitem zusehen müßte, wie vor meinen Augen sich einige Luftkämpfe abspielen. Da plötzlich fällt einem der frechen Kunden ein, auf mich herunterzustoßen. Ich lasse ihn ruhig herankommen, und nun beginnt ein lustiger Tanz. Bald fliegt mein Gegner auf dem Rücken, bald machte er dies, bald jenes. Es war ein zweisitziges Jagdflugzeug. Ich war ihm über, und so erkannte ich denn bald, daß er mir eigentlich nicht mehr entgehen konnte. In einer Gefechtspause überzeugte ich mich, daß wir uns alleine gegenüberstanden. Also, wer besser schießt, wer die größere Ruhe und den besseren Überblick im Augenblick der Gefahr hat, der gewinnt.

Es dauerte nicht lange, da hatte ich ihn 'runtergedrückt, ohne ihn wirklich ernstlich angeschossen zu haben, mindestens zwei Kilometer von der Front entfernt. Ich denke, er will landen, aber da habe ich mich in meinem Gegner verrechnet. Mit einem Male sehe ich, wie er, nur wenige Meter über dem Erdboden, plötzlich wieder geradeaus fliegt und mir zu entkommen sucht. Das war mir doch zu bunt. Ich griff ihn nochmals an und zwar so niedrig, daß ich fast fürchtete, die Häuser eines unter mir liegenden Dorfes zu berühren. Der Engländer wehrte sich bis zum letzten Augenblick. Noch ganz zum Schluß spürte ich einen Treffer in meiner Maschine. Nun ließ ich aber nicht mehr locker, jetzt mußte er fallen. Er rannte mit voller Fahrt in einen Häuserblock hinein.

Viel war nicht mehr übrig. Es war wieder ein Fall glänzenden Schneids. Er verteidigte sich bis zum Letzten. Aber meiner Ansicht nach war es zum Schluß doch mehr Dummheit von ihm. Es war eben mal wieder der Punkt, wo ich eine Grenze zwischen Schneid und Dummheit ziehe. Runter mußte er doch. So hatte er seine

Dummheit mit dem Leben bezahlen müssen.

*

Sehr vergnügt über die Leistungen meines roten Stahlrosses bei der Morgenarbeit kehrte ich zurück. Meine Kameraden waren noch in der Luft und waren sehr erstaunt, als wir uns beim Frühstück trafen und ich ihnen von meiner Nummer Zweiunddreißig erzählen konnte.

Ein ganz junger Leutnant hatte seinen Ersten abgeschossen, wir waren sehr vergnügt und bereiteten uns für neue Kämpfe vor.

Ich hole meine versäumte Morgentoilette nach. Da kommt ein guter Freund – Leutnant Voß von der Jagdstaffel Boelcke – zu mir, um mich zu besuchen. Wir unterhalten uns. Voß hatte am Tage vorher seinen Dreiundzwanzigsten erledigt. Er stand also mir am nächsten und ist wohl zur Zeit mein heftigster Konkurrent.

Wie er nach Hause fliegt, wollte ich ihn noch ein Stückchen begleiten. Wir machen einen Umweg über die Front. Das Wetter ist eigentlich sehr schlecht geworden, so daß wir nicht annehmen konnten, noch Weidmannsheil zu haben.

Unter uns geschlossene Wolken. Voß, dem die Gegend unbekannt war, fing es schon an, ungemütlich zu werden. Über Arras traf ich meinen Bruder, der gleichfalls bei meiner Staffel ist und sein Geschwader verloren hatte. Er schließt sich uns auch an. Er wußte ja, daß ich es bin (roter Vogel).

Da sehen wir von drüben ein Geschwader ankommen. Sofort zuckt es mir durch den Kopf: »Nummer Dreiunddreißig!« Trotzdem es neun Engländer waren und auf ihrem Gebiet, zogen sie es doch vor, den Kampf zu meiden. (Ich werde nächstens doch mal die Farbe wechseln müssen.) Aber wir holten sie doch ein. Schnelle Maschine ist eben die Hauptsache.

Ich bin dem Feind am nächsten und greife den hintersten an. Zu meinem größten Entzücken merke ich, daß er sich gleich in den Kampf mit mir einläßt, und mit noch viel größerem Vergnügen, daß ihn seine Kameraden im Stich lassen. Ich habe ihn also bald allein vor. Es ist wiederum derselbe Typ, mit dem ich es vormittags zu tun hatte. Er machte es mir nicht leicht. Er weiß, worauf es ankommt, und besonders aber: der Kerl schoß gut. Das konnte ich zu meinem Leidwesen nachher noch ziemlich genau feststellen. Der günstige Wind kommt mir zu Hilfe und treibt uns beide Kämpfenden über unsere Linien. Der Gegner merkt, daß die Sache doch nicht so einfach ist, wie er sich wohl gedacht hat, und verschwindet in einem Sturzflug in einer Wolke. Beinahe war es seine Rettung. Ich stoße hinter ihm her, komme unten heraus und – Anlauf muß eben der Mensch haben – ich sitze wie durch ein Wunder genau hinter ihm. Ich schieße, er schießt, aber kein greifbares Resultat. Da – endlich habe ich ihn getroffen. Ich merke es an dem weißen Benzindunst, der hinter seinem Apparat zurückbleibt. Er muß also landen, denn sein Motor bleibt stehen.

Er war aber doch ein hartnäckiger Bursche. Er mußte erkennen, daß er ausgespielt hatte. Schoß er nun noch weiter, so konnte ich ihn sofort totschießen, denn wir waren mittlerweile nur noch dreihundert Meter hoch. Aber der Kerl verteidigte sich genau wie der von heute morgen, bis er unten gelandet war. Nach seiner Landung flog ich nochmals über ihn hinweg in zehn Metern Höhe, um festzustellen, ob ich ihn totgeschossen hatte oder nicht. Was macht der Kerl? Er nimmt sein Maschinengewehr und zerschießt mir die ganze Maschine.

Voß sagte nachher zu mir, wenn ihm das passiert wäre, hätte er ihn nachträglich noch auf dem Boden totgeschossen. Eigentlich hätte ich es auch machen müssen, denn er hatte sich eben noch nicht ergeben. Er war übrigens einer von den wenigen Gücklichen, die am Leben geblieben sind.

Sehr vergnügt flog ich nach Hause und konnte meinen Dreiunddreißigsten feiern.

Mein bisher
erfolgreichster Tag

Wunderbares Wetter. Wir stehen auf dem Platz.
Ich habe Besuch von einem Herrn, der noch nie
einen Luftkampf oder so etwas Ähnliches gesehen hat und mir gerade versichert, daß es ihn
ungeheuer interessieren würde, einen solchen
Luftkampf zu sehen.

Wir steigen in unsere Kisten und lachen sehr
über ihn, und Schäfer meint: »Den Spaß können
wir ihm machen!« Wir stellen ihn an ein
Scherenfernrohr und fliegen los.

Der Tag fing gut an. Wir waren kaum zweitausend Meter hoch, da kamen uns schon die ersten
Engländer in einem Geschwader von fünf entgegen. Ein Angriff, der mit einer Attacke zu
vergleichen war – und das feindliche Geschwader lag vernichtet am Boden. Von uns war nicht
ein einziger auch nur verwundet. Die Gegner
waren – zwei brennend und drei so – auf unserer
Seite abgestürzt.

Der gute Freund unten auf der Erde hatte
nicht wenig gestaunt. Er hatte sich die Sache
ganz anders vorgestellt; viel dramatischer. Er
meinte, die Sache hätte so harmlos ausgesehen,
bis plötzlich einige Flugzeuge, einer Rakete
gleich, brennend abstürzten. Ich habe mich an
den Anblick so allmählich gewöhnt, aber ich

muß sagen, mir hat es auch einen Mordseindruck gemacht, und ich habe noch lange davon geträumt, wie ich den ersten Engländer habe in die Tiefe sausen sehen.

Ich glaube, wenn es mir noch einmal passieren würde, es wäre mir nicht mehr so schrecklich wie damals.

Nachdem dieser Tag so gut angefangen hatte, setzten wir uns erst mal zu einem ordentlichen Frühstück hin, da wir alle einen Mordshunger hatten. In der Zwischenzeit wurden unsere Maschinen wieder in Schuß gebracht, neue Patronen geladen, und dann ging's weiter.

Am Abend konnten wir die stolze Meldung machen: Dreizehn feindliche Flugzeuge durch sechs deutsche Apparate vernichtet.

Eine ähnliche Meldung hatte nur einmal die Jagdstaffel Boelcke machen können. Acht Flugzeuge waren es, die wir damals abschossen, heute hatte einer sogar vier Gegner zum Absturz gebracht. Es ist ein Leutnant Wolff, ein zartes, schlankes Kerlchen, in dem niemals einer einen solchen Massensieger erblicken würde. Mein Bruder hatte zwei, Schäfer zwei, Festner zwei, ich drei.

Abends legten wir uns kolossal stolz, andererseits aber auch recht müde in unsere Klappen.

Am Tage darauf lasen wir unter großem Hallo im Heeresbericht von den Taten des Tages vorher. Im übrigen schossen wir am Tage darauf acht ab.

Eine sehr niedliche Geschichte ereignete sich noch:

Einer von unseren abgeschossenen Engländern war gefangen und kommt ins Gespräch mit uns. Natürlich erkundigte er sich auch nach der roten Maschine. Selbst bei der Truppe unten im Schützengraben ist sie nicht unbekannt und geht unter dem Namen »le diable rouge«. Bei seiner Squadron hat sich das Gerücht verbreitet, daß in der roten Maschine ein Mädchen säße, so etwas Ähnliches wie Jeanne d'Arc. Er war sehr erstaunt, wie ich ihm versicherte, daß das vermutete Mädchen zur Zeit vor ihm stünde. Er hatte damit keinen Witz machen wollen, sondern war selbst überzeugt, daß tatsächlich in der pervers angestrichenen Kiste nur eine Jungfrau sitzen konnte.

»Moritz«

Das schönste Wesen, das je die Welt geschaffen hat, ist die echte Ulmer Dogge, mein »kleines Schoßhündchen«, der »Moritz«. Ich habe ihn in Ostende von einem braven Belgier für fünf Mark gekauft. Die Mutter war ein schönes Tier, einer seiner Väter auch, also ganz »rasserein«. Davon bin ich überzeugt. Ich hatte die Auswahl und suchte mir den niedlichsten heraus. Zeumer nahm sich einen zweiten und nannte ihn »Max«. Max fand ein jähes Ende unter einem Auto, Moritz aber gedieh vortrefflich. Er schlief mit mir im Bett und wurde vorzüglich erzogen. Er hat mich von Ostende ab auf Schritt und Tritt begleitet und ist mir sehr ans Herz gewachsen. Von Monat zu Monat wurde Moritz groß und größer, und es entwickelte sich so allmählich aus dem zarten Schoßhündchen ein ganz ungeheuer großes Tier.

Ich habe ihn sogar einmal mitgenommen. Er ist mein erster »Franz« gewesen. Er benahm sich dabei sehr vernünftig, und sehr interessiert beäugte er sich die Welt von oben. Nur meine Monteure schimpften nachher, daß sie das Flugzeug von einigen unangenehmen Dingen reinigen mußten. Moritz war aber nachher wieder sehr vergnügt.

Er ist nun schon über ein Jahr alt und immer

noch das kindische Tier von einigen Monaten. Er spielt sehr gut Billard. Leider geht dabei so manche Kugel, besonders aber so manches Billardtuch flöten. Er hat auch eine Riesen-Jagdpassion. Meine Monteure sind darüber sehr glücklich, denn er fängt ihnen so manchen schönen Hasenbraten. Von mir kriegt er immer dafür etwas Senge, denn ich bin weniger erbaut von dieser Passion.

Er hatte eine dumme Eigenschaft. Er liebte es, die Flugzeuge bei jedem Start zu begleiten. Der normale Tod eines Fliegerhundes ist bei dieser Gelegenheit der Tod durch den Propeller. Wieder einmal jagte er vor einem startenden Flugzeug einher, wird natürlich eingeholt und – ein sehr schöner Propeller war hin. Moritz heulte schrecklich, und eine von mir versäumte Maßnahme wurde auf diese Weise nachgeholt. Ich habe mich immer gesträubt, ihn koupieren zu lassen, d. h. im besonderen ihm die Ohren beschneiden zu lassen. Auf der einen Seite hat es nun der Propeller nachgeholt. Die Schönheit hat ihn nie gedrückt, aber das eine Klappohr und das andere halbkoupierte stehen ihm recht gut. Überhaupt, wenn der Ringelschwanz nicht wäre, wäre es eine richtige, echte Ulmer Dogge.

Moritz hat den Weltkrieg und unsere Feinde richtig erfaßt. Wie er zum erstenmal im Sommer 1916 russische Eingeborene sah – der Zug hielt, und Moritz wurde etwas spazieren geführt –, verjagte er die hinzugelaufene russische Jugend mit ungeheurem Gekläff. Auch Franzosen schätzt er nicht, trotzdem er ja eigentlich selbst ein Belgier ist. Ich gab mal in einem neuen Quartier Einwohnern den Auftrag, das Haus zu säubern. Wie ich abends wiederkam, war nichts gemacht. Verärgert lasse ich mir einen Franzosen kommen. Kaum macht er die Tür auf, begrüßt ihn Moritz etwas unliebenswürdig. Nun konnte ich mir erklären, weshalb die Herren mein Château gemieden hatten.

Englischer Bombenangriff
auf unseren Flughafen

Die Vollmondnächte sind für den Nachtflieger
am geeignetsten.

In den Vollmondnächten des Monats April
betätigten sich unsere lieben Engländer besonders emsig. Natürlich war es mit der Arras-
Schlacht in Verbindung zu bringen. Sie mochten
wohl herausbekommen haben, daß wir in Douai
auf einem sehr, sehr schönen, großen Flugplatz
uns häuslich eingerichtet hatten. Eines Nachts,
wir sitzen im Kasino, klingelt das Telephon, und
es wird mitgeteilt: »Die Engländer kommen.«
Natürlich großes Hallo, Unterstände hatten wir
ja; dafür hatte der tüchtige Simon gesorgt.
Simon ist unser Bausachverwalter. Also alles
stürzt in die Unterstände, und man hört tatsächlich – zuerst noch ganz leise, aber ganz sicher das
Geräusch eines Flugmotors. Die Flaks und
Scheinwerfer scheinen auch eben die Mitteilung
bekommen zu haben, denn man merkt, wie sie
sachte lebendig werden. Der erste Feind war
aber noch viel zu weit, um angegriffen zu
werden. Uns machte es einen Heidenspaß. Wir
befürchteten nur immer, die Engländer würden
unseren Platz nicht finden, denn das ist nachts
gar nicht so einfach, besonders, da wir nicht an
einer großen Chaussee lagen oder an einem

Wasser oder an einer Eisenbahn, die des Nachts die besten Anhaltspunkte bilden.

Der Engländer flog scheinbar sehr hoch. Erst einmal um den ganzen Platz herum. Wir glaubten schon, er hätte sich ein anderes Ziel gesucht. Mit einem Male aber stellt er den Motor ab und kommt herunter. »Nun wird's Ernst«, meinte Wolff. Wir hatten uns zwei Karabiner geholt und fingen an, auf den Engländer zu schießen. Sehen konnten wir ihn ja noch nicht. Aber allein der Knall beruhigte schon unsere Nerven. Jetzt kommt er in den Scheinwerfer herein. Auf dem ganzen Flugplatz überall ein großes Hallo. Es ist eine ganz alte Kiste. Wir können den Typ genau erkennen. Er ist höchstens noch einen Kilometer von uns entfernt. Er fliegt genau auf unseren Platz zu. Er kommt immer niedriger. Jetzt kann er höchstens noch hundert Meter hoch sein. Da stellt er wieder den Motor an und kommt genau auf uns zugeflogen. Wolff meint noch: »Gott sei Dank, er hat sich die andere Seite des Flugplatzes ausgesucht.« Aber es dauerte nicht lange, da kommt die erste, und dann regnet es einige Bömbchen. Es war ein wunderbares Feuerwerk, das uns der vormachte. Einem Angsthasen konnte er auch Eindruck machen. Ich finde überhaupt, Bombenwerfen in der Nacht ist nur moralisch von Bedeutung. Hat einer die Hosen voll, so ist es für *ihn* sehr peinlich, für die anderen aber nicht.

Wir empfanden einen großen Spaß und meinten, die Engländer könnten doch recht oft kommen. Also, mein guter Gitterschwanz warf seine Bomben ab, und zwar aus fünfzig Metern Höhe. Das ist eine ziemliche Frechheit, denn auf fünfzig Meter mute ich mir zu, auch des Nachts bei Vollmond einem Keiler einen ganz anständigen Blattschuß zu verpassen. Warum sollte ich nicht auch einen Engländer treffen? Es wäre doch mal etwas anderes gewesen, so einen Bruder von unten abzuschießen.

Von oben hatten wir schon mehreren die Ehre gegeben, aber von unten hatte ich es nicht probiert. Wie der Engländer weg war, gingen wir wieder ins Kasino und besprachen uns, wie wir den Brüdern in der nächsten Nacht einen Empfang bereiten wollten. Tags darauf sah man die Burschen usw. sehr emsig arbeiten. Sie beschäftigten sich damit, Pfähle in der Nähe des Kasinos und der Offizier-Wohnbaracken einzurammen, die in der kommenden Nacht als Maschinengewehrstände benutzt werden sollten. Wir schossen uns mit erbeuteten englischen Flugzeug-Maschinengewehren ein, machten uns ein Nachtkorn drauf und waren sehr gespannt, was nun werden würde. Die Zahl der Maschinengewehre will ich nicht verraten, aber es sollte genügen. Jeder von meinen Herren war mit so einem Ding bewaffnet.

Wir sitzen wieder im Kasino. Gesprächsstoff sind natürlich die Nachtflieger. Da kommt ein Bursche hereingestürzt und schreit nur: »Sie kommen, sie kommen!« und verschwindet, etwas spärlich bekleidet, im nächsten Unterstand. Jeder von uns stürzt an die Maschinengewehre. Einige tüchtige Mannschaften, die gute Schützen sind, sind auch damit bewaffnet. Alle übrigen haben Karabiner. Die Jagdstaffel ist jedenfalls bis an die Zähne bewaffnet und bereit, die Herren zu empfangen.

Der erste kam, genau wie am Abend vorher, in größerer Höhe, geht dann auf fünzig Meter herunter, und zu unserer größten Freude hat er es diesmal gleich auf unsere Barackenseite abgesehen. Er ist im Scheinwerfer. Jetzt ist er höchstens noch dreihundert Meter von uns entfernt. Der erste fängt an zu schießen, und zur selben Zeit setzen alle übrigen ein. Ein Sturmangriff könnte nicht besser abgewehrt werden als dieser Angriff des einzelnen frechen Kunden in fünfzig Metern Höhe. Ein rasendes Feuer empfängt ihn. Hören konnte er das Maschinengewehrfeuer ja nicht, daran verhinderte ihn sein Motor, aber das Mündungsfeuer eines jeden sah er, und deshalb finde ich es auch diesmal sehr schneidig von dem Bruder, daß er nicht abbog, sondern starr seinen Auftrag durchführte. Er flog genau über uns weg. In dem Augenblick, wie er über uns weg war, springen wir natürlich schnell in den Unterstand, denn durch so 'ne dämliche Bombe erschlagen zu werden, wäre für einen Jagdflieger ein selten dämlicher Heldentod. Kaum ist er über uns weg, wieder 'ran an die

Gewehre und feste hinter ihm hergefeuert. Schäfer behauptete natürlich: »Ich habe ihn getroffen.« Der Kerl schießt ganz gut. Aber in diesem Fall glaubte ich ihm denn doch nicht, und außerdem hatte jeder andere ebenso gute Chancen.

Wir hatten wenigstens das erreicht, daß der Gegner seine Bomben ziemlich planlos in die Gegend warf. Eine allerdings platzte ein paar Meter neben dem »petit rouge«, tat ihm aber nicht weh. Dieser Spaß wiederholte sich in der Nacht noch mehrere Male. Ich lag bereits im Bett und schlief fest, da hörte ich im Traum Ballonabwehrfeuer, wachte davon auf und konnte nur feststellen, daß der Traum Wahrheit war. Ein Kunde flog so niedrig über meine Bude weg, daß ich mir vor lauter Angst die Bettdecke über den Kopf zog. Im nächsten Augenblick ein wahnsinniger Knall, ganz in der Nähe meines Fensters, und meine Scheiben waren ein Opfer der Bombe. Schnell im Hemd 'rausgestürzt und noch einige Schuß hinter ihm her. Draußen wurde er schon kräftig beschossen. Ich hatte aber diesen Herrn leider verschlafen.

Am nächsten Morgen waren wir sehr erstaunt und hocherfreut, als wir feststellten, daß wir nicht weniger wie drei Engländer von der Erde aus abgeschossen hatten. Sie waren nicht weit von unserem Flughafen gelandet und gefangengenommen worden. Wir hatten meist die Motoren getroffen und sie dadurch gezwungen, auf unserer Seite 'runterzugehen. Also hatte sich vielleicht Schäfer doch nicht geirrt. Wir waren jedenfalls sehr zufrieden mit unserem Erfolg. Die Engländer dafür etwas weniger, denn sie zogen es vor, nicht mehr unseren Platz zu attackieren. Eigentlich schade, denn sie haben uns viel Spaß damit gemacht. Vielleicht kommen sie nächsten Monat wieder.

Schäfers Notlandung
zwischen den Linien

Am Abend des 20. April machen wir einen Jagdflug, kommen sehr spät nach Hause und haben Schäfer unterwegs verloren. Natürlich hofft jeder, daß er vor Dunkelheit noch den Platz erreicht. Es wird neun, es wird zehn, Schäfer kommt nicht. Benzin kann er nicht mehr haben, folglich ist er irgendwo notgelandet. Daß einer abgeschossen ist, will man sich nie zugeben. Keiner wagt es in den Mund zu nehmen, aber jeder fürchtet es im stillen. Das Telephonnetz wird in Bewegung gesetzt, um zu ermitteln, wo ein Flieger gelandet ist. Kein Mensch kann uns Auskunft geben. Keine Division, keine Brigade will ihn gesehen haben. Ein ungemütlicher Zustand. Schließlich gehen wir schlafen. Wir waren alle fest überzeugt, er würde sich noch einfinden. Nachts um zwei werde ich plötzlich geweckt. Die Telephonordonnanz teilt mir strahlend mit: »Schäfer befindet sich im Dorf Y und bittet um Abholung.«

Am nächsten Morgen zum Frühstück öffnet sich die Tür, und mein braver Pilot steht in so verdrecktem Anzug vor mir, wie ihn der Infanterist nach vierzehn Tagen Arras-Schlacht am Leibe hat. Großes Hallo! Schäfer ist quietschvergnügt und muß seine Erlebnisse zum besten geben. Er hat einen Bärenhunger. Nachdem er gefrühstückt hat, erzählt er uns folgendes:

»Ich fliege nach Hause an der Front entlang und sehe in ganz niedriger Höhe drüben scheinbar einen Infanterieflieger. Ich greife ihn an, schieße ihn ab und will wieder zurückfliegen, da nehmen mich die Engländer unten aus den Schützengräben mächtig vor und beknallen mich ganz unheimlich. Meine Rettung war natürlich die Geschwindigkeit des Flugzeugs, denn daß sie beim Schießen vorhalten müssen, daran denken die Kerle natürlich nicht. Ich war vielleicht noch zweihundert Meter hoch, aber ich muß doch versichern, daß ich gewisse Körperteile mächtig angespannt habe, aus erklärlichen Gründen. Mit einem Male gibt es einen Schlag, und mein Motor bleibt stehen. Also landen. Komme ich noch über die feindlichen Linien, oder komme ich nicht? Das war sehr die Frage. Die Engländer haben es bemerkt und fangen wie wahnsinnig an zu schießen. Jetzt höre ich jeden einzelnen Schuß, denn mein Motor läuft nicht mehr, der Propeller steht still. Eine peinliche Situation. Ich komme herunter, lande, meine Maschine steht noch nicht, da werde ich aus einer Hecke des Dorfes Monchy bei Arras ganz kolossal mit Maschinengewehrfeuer beschossen. Die Kugeln klatschen nur so in meine Maschine herein. Ich 'raus aus der Kiste und in das nächste Granatloch 'rein, war eins. Dort besann ich mich mal erst, wo ich mich befinde. So allmählich wird mir klar, daß ich über die Linien 'rüber bin, aber noch verdammt nahe bei ihnen. Gott sei Dank ist es etwas spät abends. Das ist meine Rettung.

Es dauert nicht lange, da kommen die ersten Granaten an. Natürlich sind es Gasgranaten, und eine Maske hatte ich selbstverständlich nicht mit. Also mir fingen die Augen ganz erbärmlich an zu tränen. Die Engländer schossen sich vor Dunkelheit auch noch mit Maschinengewehren auf meine Landungsstelle ein, ein Maschinengewehr offenbar auf mein Flugzeug, das andere auf meinen Granattrichter. Die Kugeln klatschten oben immer dagegen. Ich steckte mir daraufhin, um meine Nerven zu beruhigen, erst mal eine Zigarette an, ziehe mir meinen dicken Pelz aus und mache mich zum Sprung auf! Marsch, marsch! bereit. Jede Minute erscheint eine Stunde.

Allmählich wurde es dunkel, aber nur ganz allmählich. Um mich herum locken die Rebhühner. Als Jäger erkannte ich, daß die Hühner ganz friedlich und vertraut waren, also war keine Gefahr, daß ich in meinem Versteck überrascht wurde. Schließlich wurde es immer finsterer. Auf einmal geht ganz in meiner Nähe ein Pärchen Rebhühner hoch, gleich darauf ein zweites, und ich erkannte daraus, daß Gefahr im Anzuge war. Offenbar war es eine Patrouille, die mir Guten Abend sagen wollte. Nun wird's die höchste Zeit, daß ich mich aus dem Staube mache. Erst ganz vorsichtig auf dem Bauche kriechend, von Granatloch zu Granatloch. Ich komme nach etwa anderthalb Stunden eifrigen Kriechens an die ersten Menschen. Sind es Engländer, oder sind es Deutsche? Sie kommen heran, und beinahe wäre ich den Musketieren um den Hals gesprungen, als ich sie erkannte. Es war eine Schleichpatrouille, die sich im neutralen Zwischengelände herumtreibt. Einer der Leute führte mich zu seinem Kompagnieführer, und hier erfuhr ich denn, daß ich am Abend zuvor etwa fünfzig Schritte vor der feindlichen Linie gelandet sei und unsere Infanterie mich bereits aufgegeben hatte. Ich nahm mal erst ein ordentliches Abendbrot zu mir und trete dann den Rückmarsch an.

Hinten wurde viel mehr geschossen als vorn. Jeder Weg, jeder Annäherungsgraben, jedes Gebüsch, jeder Hohlweg, alles lag unter feindlichem Feuer. Am nächsten Morgen griffen die Engländer an, sie mußten also heute abend ihre Artillerievorbereitung beginnen. Ich hatte mir also einen ungünstigen Tag für mein Unternehmen ausgesucht. Erst gegen zwei Uhr morgens erreichte ich das erste Telephon und konnte mich mit meiner Staffel in Verbindung setzen.

Wir waren alle glücklich, unseren Schäfer wieder zu haben. Er legte sich ins Bett. Jeder andere hätte mal für die nächsten vierundzwanzig Stunden auf den Genuß des Jagdfliegens verzichtet. Mein Schäfer attackierte aber bereits am Nachmittag desselben Tages wieder über Monchy einen ganz tieffliegenden B. E.

Das Anti-Richthofen-Geschwader

(25. April 1917)

Die Engländer hatten sich einen famosen Witz ausgedacht, nämlich mich zu fangen oder abzuschießen. Zu diesem Zwecke hatten sie tatsächlich ein besonderes Geschwader aufgestellt, das in dem Raum flog, in dem wir uns meistens 'rumtrieben. Wir erkannten es daran, daß es hauptsächlich gegen unsere roten Flugzeuge offensiv wurde.

Ich muß bemerken, daß wir unsere *ganze* Jagdstaffel rot angemalt hatten, da den Brüdern doch allmählich klar geworden war, daß ich in dieser knallroten Kiste säße. So waren wir jetzt alle rot, und die Engländer machten recht große Augen, wie sie statt der einen ein ganzes Dutzend solcher Kisten sahen. Das hielt sie aber nicht ab, den Versuch zu machen, uns zu attackieren. Es ist mir ja viel lieber, die Kundschaft kommt zu mir, als daß ich zu ihr hingehen muß.

Wir flogen an die Front, in der Hoffnung, unsere Gegner zu finden. Nach etwa zwanzig Minuten kamen die ersten an und attackierten uns tatsächlich. Das war uns schon seit langer Zeit nicht mehr passiert. Die Engländer hatten ihren berühmten Offensivgeist doch etwas eingeschränkt, da er ihnen wohl etwas zu teuer zu stehen gekommen war. Es waren drei Spad-Einsitzer, die sich infolge ihrer guten Maschinen uns sehr überlegen glaubten. Es flogen zusammen: Wolff, mein Bruder und ich. Drei gegen drei, das paßte also ganz genau. Gleich zu Anfang wurde aus dem Angriff eine Verteidigung. Schon hatten wir überhand. Ich kriegte meinen Gegner vor und konnte noch schnell sehen, wie mein Bruder und Wolff sich jeder einen dieser Burschen vorbanden. Es begann der übliche Tanz, man kreist umeinander. Der gute Wind kam uns zu Hilfe. Er trieb uns Kämpfende von der Front weg, Richtung Deutschland.

Meiner war der erste, der stürzte. Ich hatte ihm wohl den Motor zerschossen. Jedenfalls entschloß er sich, bei uns zu landen. Pardon kenne ich nicht mehr, deshalb attackierte ich ihn noch ein zweites Mal, worauf das Flugzeug in meiner Geschoßgarbe auseinanderklappte. Die Flächen fielen wie ein Blatt Papier, jede einzeln, und der Rumpf sauste wie ein Stein brennend in die Tiefe. Er fiel in einen Sumpf. Man konnte ihn nicht mehr ausgraben. Ich habe nie erfahren, wer es war, mit dem ich gekämpft habe. Er war verschwunden. Bloß noch die letzten Reste des Schwanzes verbrannten und zeigten die Stätte, wo er sich selbst sein Grab gegraben hatte.

Gleichzeitig mit mir hatten Wolff und mein

Bruder ihre Gegner angegriffen und nicht weit von dem meinigen zur Landung gezwungen.

Wir flogen sehr vergnügt nach Hause und meinten: »Hoffentlich kommt recht oft das Anti-Richthofen-Geschwader.«

Der »alte Herr« kommt
uns besuchen

Für den 29. April hatte sich der »alte Herr«
angesagt, der seine beiden Söhne besuchen
wollte. Mein Vater ist Ortskommandant eines
Städtchens in der Nähe von Lille, also nicht sehr
weit weg von uns. Von oben kann ich ihn öfters
sehen. Er wollte mit dem Zuge um neun Uhr
kommen. Um halb Zehn ist er auf unserem
Platz. Wir kommen gerade von einem Jagdaus-
flug nach Hause, und mein Bruder steigt zuerst
aus seiner Kiste, begrüßt den alten Herrn:
»Guten Tag, Papa, ich habe eben einen Engländer abgeschossen.« Darauf steige ich aus meiner
Maschine: »Guten Tag, Papa, ich habe eben
einen Engländer abgeschossen.« Der alte Herr
war glücklich, es machte ihm viel Spaß, das sah
man ihm an. Er ist nicht einer von den Vätern,
die sich um ihre Söhne bangen, sondern am
liebsten möchte er selbst sich in eine Maschine
setzen und auch abschießen – glaube ich wenigstens. Wir frühstückten erst mit ihm, dann
flogen wir wieder.

In der Zwischenzeit spielte sich ein Luftkampf über unserem eigenen Flughafen ab, den
mein Vater sehr interessiert beobachtete. Wir
waren aber nicht beteiligt, denn wir standen
unten und sahen selbst zu. Es war ein englisches

Geschwader, das durchgebrochen war und über unserem Flughafen von einigen unserer Aufklärungsflieger angegriffen wurde. Plötzlich überschlägt sich das eine Flugzeug, fängt sich wieder und kommt herunter im normalen Gleitflug, und wir erkennen mit Bedauern, daß es diesmal ein Deutscher ist. Die Engländer fliegen weiter. Das deutsche Flugzeug ist scheinbar angeschossen, kommt aber ganz richtig gesteuert herunter und versucht, auf unserem Flugplatz zu landen. Der Platz ist etwas klein für das große Ding. Auch war es dem Piloten unbekanntes Gelände. So war die Landung nicht ganz glatt. Wir stürzen hin und müssen mit Bedauern feststellen, daß der eine der Insassen, der Maschinengewehrschütze, gefallen ist. Dieser Anblick war meinem Vater etwas Neues und stimmte ihn offenbar sehr ernst.

Der Tag versprach noch gut zu werden für uns. Wunderbar klares Wetter. Dauernd hörte man die Abwehrgeschütze; also unentwegter Flugbetrieb. Gegen Mittag flogen wir wieder. Diesmal hatte ich wieder Glück und hatte meinen zweiten Engländer an dem Tage abgeschossen. Die Stimmung des alten Herrn war wieder da. Nach Tisch ein kurzes Schläfchen und man war wieder ganz auf der Höhe. Wolff war mit seiner Gruppe während der Zeit am Feinde gewesen und hatte selbst einen erledigt. Auch Schäfer hatte sich einen zu Gemüte geführt. Nachmittags starteten mein Bruder und ich mit Schäfer,

Festner und Allmenröder noch zweimal. Der erste Flug war verunglückt, der zweite Flug um so besser. Wir waren nicht lange an der Front, da kam uns ein feindliches Geschwader entgegen. Leider sind sie höher als wir. Also können wir nichts machen. Wir versuchen, ihre Höhe zu erreichen: es glückt uns nicht. Wir müssen sie auslassen, fliegen an der Front entlang, mein Bruder dicht neben mir, den anderen voraus. Da sehe ich zwei feindliche Artillerieflieger in ganz unverschämt frecher Weise nahe an unsere Front herankommen. Ein kurzer Wink meines Bruders, und wir hatten uns verständigt. Wir fliegen nebeneinander her, unsere Geschwindigkeit vergrößernd. Jeder fühlt sich so sicher, einmal sich selbst dem Feinde überlegen. Besonders aber konnte man sich aufeinander verlassen. Denn das ist eben die Hauptsache. Man muß wissen, mit wem man fliegt. Also mein Bruder war zuerst an die Gegner heran, greift sich den ersten, der ihm am nächsten fliegt, heraus, ich mir den zweiten.

Nun gucke ich mich noch schnell um, daß nicht noch ein dritter in der Nähe ist; aber wir sind allein. Aug' in Auge. Ich habe meinem Gegner bald die günstigste Seite abgerungen, ein kurzes Reihenfeuer, und das feindliche Flugzeug platzt auseinander. So schnell war mir ein Kampf noch nie vorgekommen.

Während ich noch beobachte, wo die Trümmer meines Gegners herunterstürzen, gucke ich mich nach meinem Bruder um. Er war kaum fünfhundert Meter von mir entfernt, noch im Kampf mit seinem Gegner.

Ich hatte Zeit, mir dieses Bild genau anzusehen, und muß sagen, daß ich selbst es nicht hätte besser machen können. Auch er hatte bereits den Gegner überrumpelt, und beide drehten sich umeinander. Da plötzlich bäumt sich das feindliche Flugzeug auf – ein sicheres Zeichen des Getroffenseins, gewiß hatte der Führer Kopfschuß oder so etwas – das Flugzeug stürzt, und die Flächen des feindlichen Apparates klappen auseinander. Die Trümmer fallen ganz in die Nähe meines Opfers. Ich fliege an meinen Bruder heran und gratuliere ihm, d. h. wir winkten uns gegenseitig zu. Wir waren befriedigt und flogen weiter. Es ist schön, wenn man mit seinem Bruder so zusammen fliegen kann.

Die anderen waren in der Zwischenzeit auch herangekommen und hatten sich das Schauspiel, das ihnen die beiden Brüder boten, angeguckt, denn helfen kann man ja nicht, einer kann nur abschießen, und ist einer mit dem Gegner beschäftigt, so können die anderen nur zusehen, ihm den Rücken decken, damit er nicht von hinten von einem Dritten belapst wird.

Wir fliegen weiter, gehen auf größere Höhe, denn oben haben sich einige aus dem Klub der Anti-Richthofen zusammengefunden. Wir waren mal wieder gut zu erkennen, die Sonne vom Westen her beleuchtete die Apparate und ließ sie in ihrer schönen roten Farbe weithin schillern. Wir schlossen uns eng zusammen, denn jeder wußte, daß man es mit Brüdern zu tun hat, die dasselbe Metier verfolgen wie wir selbst. Leider sind sie wieder höher, so daß wir auf ihren Angriff warten müssen. Die berühmten Dreidecker und Spads, ganz neue Maschinen, aber es kommt eben nicht auf die Kiste an, sondern auf den, der drinnen sitzt; die Brüder waren laurig und hatten keinen Mumm. Wir boten ihnen den Kampf an, sowohl bei uns wie auch drüben. Aber sie wollten ihn nicht annehmen. Wozu prahlen sie erst mit ihrem Geschwader, das angesetzt ist, um mich abzuschießen, wenn ihnen nachher doch das Herz in die Hosen fällt?

Endlich hat einer Mut gefaßt und stößt auf unseren letzten herunter. Natürlich wird der Kampf angenommen, obwohl es ja für uns ungünstig ist, denn der, der drüber ist, ist im Vorteil. Aber wenn einem die Kundschaft nicht mehr gibt, muß man sie halt nehmen, wie sie kommt. Also macht alles kehrt. Der Engländer merkt es und läßt sofort ab. Nun ist aber der Anfang gemacht. Ein anderer Engländer versucht das gleiche. Er hat sich mich als Gegner ausgesucht, und ich begrüße ihn gleich mit einer Salve aus beiden Maschinengewehren. Dies schien er nicht zu schätzen. Er versuchte, sich durch einen Sturzflug mir zu entziehen. Das war sein Verderben. Denn dadurch kam er unter mich. Nun blieb ich über ihm. Was unter mir ist, womöglich noch allein und auf unserem Gebiet, kann wohl als verloren gelten, besonders, wenn es ein Einsitzer ist, also ein Jagdflieger, der nicht nach hinten 'rausschießen kann. Der Gegner hatte eine sehr gute Maschine und war sehr schnell. Aber es sollte ihm nicht glücken, seine Linien zu erreichen. Über Lens fing ich an, auf ihn zu schießen. Ich war noch viel zu weit. Es war aber ein Trick von mir, ich beunruhigte ihn dadurch. Er kroch auf den Leim und machte Kurven. Dies nützte ich aus und kam etwas näher heran. Schnell versuchte ich dasselbe Manöver nochmals und zum drittenmal. Jedesmal fiel mein Freund darauf 'rein. So hatte ich mich sachte an ihn herangeschossen. Nun bin ich ganz nahebei. Jetzt wird sauber gezielt, noch einen Augenblick gewartet, höchstens noch fünfzig Meter von ihm entfernt, drücke ich auf beide Maschinengewehrknöpfe. Erst ein leises Rauschen, das sichere Zeichen des getroffenen Benzintanks, dann eine helle Flamme, und mein Lord verschwindet in der Tiefe.

Dieser war der Vierte an diesem Tage. Mein Bruder hatte zwei. Dazu hatten wir den alten Herrn scheinbar eingeladen. Die Freude war ganz ungeheuer.

Abends hatte ich mir noch einige Herren eingeladen, unter anderen meinen guten Wedel, der zufällig auch in der Gegend war. Das Ganze war eine geglückte, verabredete Sache. Sechs Engländer hatten die beiden Brüder also an einem Tage abgeschossen. Das ist zusammen eine ganze Fliegerabteilung. Ich glaube, wir waren den Engländern unsympathisch.

Flug in die Heimat

Fünfzig sind abgeschossen. Zweiundfünfzig fand ich besser. Deshalb schoß ich gleich am selben Tage zwei mehr ab. Es ging eigentlich gegen die Verabredung.

Eigentlich hatte man mir bloß einundvierzig zugebilligt; weshalb die Zahl einundvierzig herauskam, kann sich wohl jeder denken, aber gerade deshalb wollte ich es durchaus vermeiden. Ich bin kein Rekordarbeiter, überhaupt liegen uns in der Fliegertruppe alle Rekorde fern. Man erfüllt nur seine Pflicht. Boelcke hätte hundert abgeschossen, wäre ihm nicht das Unglück passiert. Und manch anderer der guten gefallenen Kameraden hätte eine ganz andere Zahl erreichen können, wenn ihn nicht sein plötzlicher Tod daran verhindert hätte. Aber so ein halbes Hundert macht einem eben doch auch Spaß. Nun hatte ich es schließlich auch erreicht, daß man mir fünfzig zubilligte, bevor ich meinen Urlaub antrat.

Hoffentlich kann ich noch das zweite Fünfzig feiern.

Am Abend desselben Tages klingelte es, und nichts Geringeres als das »Große Hauptquartier« wünschte mich zu sprechen. Ich kam mir ganz spaßig vor, so mit der »Großen Bude« verbunden zu sein. Ich erhielt unter anderem die erfreuliche Nachricht, daß Seine Majestät den Wunsch geäußert hätte, mich persönlich zu sprechen, und zwar war gleich der Tag angesagt: am 2. Mai. Dies ereignete sich aber schon am 30. April abends neun Uhr. Mit dem Zuge wäre es nicht mehr möglich gewesen, dem Wunsch des Allerhöchsten Kriegsherrn nachzukommen. So zog ich es vor, was ja auch viel schöner ist, die Reise auf dem Luftwege zu erledigen. Am nächsten Morgen würde gestartet, und zwar nicht in meinem Einsitzer »Le petit rouge«, sondern in einem dicken, großen Zweisitzer.

Ich setzte mich hinten 'rein, d. h. also nicht an den »Knüppel«. Arbeiten mußte in diesem Falle der Leutnant Krefft, auch einer der Herren meiner Jagdstaffel. Er wollte gerade auf Erholungsurlaub, es paßte also ausgezeichnet. So kam er auch schneller in die Heimat. Es war ihm nicht unsympathisch.

Meine Abreise ging etwas Hals über Kopf. Ich konnte in dem Flugzeug nichts weiter mitnehmen als die Zahnbürste, mußte mich also gleich so anziehen, wie ich mich im Großen Hauptquartier vorzustellen hatte. Und so im Felde hat eben der Militärsoldat nicht viel mit von schönen Kleidungsstücken, jedenfalls nicht so ein armes Frontschwein wie ich.

Die Führung der Staffel übernahm mein Bruder. Ich verabschiedete mich kurz, denn ich hoffte, bald im Kreise dieser lieben Menschen meine Tätigkeit wieder aufnehmen zu können.

Der Flug ging nun über Lüttich, Namur auf Aachen und Köln. Es war doch schön, so mal ohne kriegerische Gedanken durch das Luftmeer zu segeln. Herrliches Wetter, wie wir es schon seit langem nicht gehabt hatten. Gewiß gab es am heutigen Tage mächtig viel zu tun an der Front. Bald sind die eigenen Fesselballons nicht mehr zu sehen. Immer weiter weg von dem Donner der Schlachten von Arras. Unter uns Bilder des Friedens. Fahrende Dampfer. Dort saust ein D-Zug durchs Gelände, wir überholen ihn spielend. Der Wind ist uns günstig. Die Erde scheint uns wie eine Tenne so platt. Die schönen Maasberge sind nicht zu erkennen als Berge. Man erkennt sie nicht einmal am Schatten, denn die Sonne steht fast senkrecht. Man weiß nur, daß sie vorhanden sind, und mit etwas Phantasie kann man sich sogar in ihre kühlen Schluchten verkriechen.

Es war doch etwas spät geworden, und so kamen wir in die Mittagsstunde. Eine Wolkenschicht zieht sich unter uns zusammen und verdeckt die Erde völlig. Nach Sonne und Kompaß orientierend fliegen wir weiter. Die Nähe von Holland ist uns allmählich aber doch unsympathisch, und so ziehen wir es vor, wieder mit dem Erdboden Fühlung zu nehmen. Wir gehen unter die Wolke und befinden uns gerade über Namur. Nun geht es weiter nach Aachen. Aachen lassen wir links liegen und erreichen zur Mittagszeit Köln. Die Stimmung in unserem

Flugzeug war gehoben. Vor uns ein längerer Urlaub, außerdem das schöne Wetter, die gelungene Sache, wenigstens Köln erreicht zu haben, und die Gewißheit, daß, wenn einem auch jetzt etwas passiert, man doch noch das Große Hauptquartier erreichen konnte.

Man hatte uns in Köln telegraphisch angesagt, so wurden wir dort erwartet. Am Tage vorher hatte mein zweiundfünfzigster Luftsieg in der Zeitung gestanden. So war der Empfang auch danach.

Durch den dreistündigen Flug hatte ich doch etwas Schädelbrummen, und so zog ich es vor, erst einen kleinen Mittagsschlummer einzulegen, bevor ich im Großen Hauptquartier eintraf. Wir flogen nun von Köln ein ganzes Stückchen den Rhein entlang. Ich kannte die Strecke. Ich bin sie oft gefahren, auf dem Dampfer, mit dem Auto und der Eisenbahn, und nun im Flugzeug. Was war das Schönste? Es ist schwer zu sagen. Gewisse Einzelheiten sieht man ja natürlich vom Dampfer aus besser. Aber der Gesamtblick aus dem Flugzeug ist auch nicht zu verachten. Der Rhein hat eben einen besonderen Reiz, so auch von oben. Wir flogen nicht zu hoch, um nicht das Gefühl der Berge völlig zu verlieren, denn das ist doch wohl das Schönste am Rhein, die riesigen, bewaldeten Höhen, die Burgen usw. Die einzelnen Häuser konnten wir natürlich nicht sehen. Schade, daß man nicht langsam und schnell fliegen kann. Ich hätte gewiß den langsamsten Gang eingestellt.

Nur zu schnell verschwand ein schönes Bild nach dem anderen. Man hat, wenn man höher fliegt, ja nicht das Gefühl, daß es sehr schnell vorwärts geht. In einem Auto oder einem D-Zug zum Beispiel kommt einem die Geschwindigkeit ganz ungeheuer vor, dagegen im Flugzeug eigentlich immer langsam, wenn man eine gewisse Höhe erreicht hat. Man merkt es eigentlich erst daran, wenn man mal fünf Minuten nicht 'rausgeguckt hat und dann mit einem Male wieder die Orientierung aufnimmt. Da ist das Bild, das man noch kurz vorher im Kopfe hatte, mit einem Male völlig verändert. Was man unter sich sah, sieht man auf einmal in einem Winkel, gar nicht zum Wiedererkennen. Deshalb kann man sich so schnell verorientieren, wenn man mal für einen Augenblick nicht aufpaßt. So kamen wir am Nachmittag im Großen Hauptquartier an, herzlich empfangen von einigen mir bekannten Kameraden, die dort in der »Großen Bude« zu arbeiten haben. Sie tun mir ordentlich leid, die Tintenspione. Sie haben ja nur den halben Spaß vom Kriege. Zunächst meldete ich mich bei dem Kommandierenden General der Luftstreitkräfte. Am nächsten Vormittag ereignete sich nun der große Moment, wo ich Hindenburg und Ludendorff vorgestellt werden sollte. Ich mußte eine ganze Weile warten. Wie die Begrüßung im einzelnen war, kann ich eigentlich schlecht schreiben. Erst meldete ich mich bei Hindenburg, dann bei Ludendorff.

Es ist ein unheimliches Gefühl in dem Raum, wo das Geschick der Erde entschieden wird. So war ich ganz froh, wie ich die »Große Bude« wieder hinter mir hatte und mittags bei Seiner Majestät zum Frühstück befohlen war. Es war ja heute mein Geburtstag, und irgendeiner hatte es wohl Seiner Majestät verraten, und so gratulierte er mir. Einmal zu meinem Erfolg, dann zum fünfundzwanzigsten Lebensjahr. Auch ein kleines Geburtstagsgeschenk überraschte mich.

Früher hätte ich es mir wohl nie träumen lassen, daß ich am fünfundzwanzigsten Geburtstag rechts von Hindenburg sitzen und in einer Rede vom Generalfeldmarschall erwähnt werden würde.

*

Tags darauf war ich zu Mittag bei Ihrer Majestät eingeladen und fuhr zu diesem Zweck nach Homburg. Dort war ich zum Frühstück bei Ihrer Majestät, wurde gleichfalls mit einem Geburtstagsgeschenk bedacht, und ich hatte noch die große Freude, Ihrer Majestät einen Start vorzuführen. Abends war ich nochmals bei dem Generalfeldmarschall v. Hindenburg eingeladen.

Den Tag darauf flog ich nach Freiburg, um dort einen Auerhahn zu schießen. Von Freiburg aus benutzte ich ein Flugzeug, das nach Berlin flog. In Nürnberg wurde Benzin aufgefüllt. Da zog ein

Gewitter auf. Ich hatte es aber dringend eilig, in Berlin anzukommen. Allerhand mehr oder weniger interessante Dinge warteten dort meiner. So flog ich trotz des Gewitters weiter. Mir machten die Wolken und das Schweinewetter Spaß. Es goß mit Kannen. Ab und zu etwas Hagel. Der Propeller sah nachher ganz toll aus, durch die Hagelkörner zerschlagen, wie eine Säge. Leider machte mir das Wetter so viel Spaß, daß ich darüber gänzlich vergaß aufzupassen, wo ich mich befand. Wie ich wieder die Orientierung aufnehmen will, habe ich keinen Dunst mehr, wo ich bin. Eine schöne Bescherung! In der Heimat »verfranzt«! Das mußte natürlich gerade mir passieren. Wie würden die zu Hause sich amüsieren, wenn sie das wüßten! Aber es war an der Tatsache nichts zu ändern. Ich wußte nicht mehr, wo ich war. Ich war durch den starken Wind und das niedrige Fliegen sehr abgetrieben worden und von meiner Karte heruntergekommen und mußte nun nach Sonne und Kompaß notdürftig die Richtung nach Berlin einhalten. Städte, Dörfer, Flüsse, Wälder jagen unter mir dahin. Ich erkenne nichts wieder. Ich vergleiche die Natur mit meiner Karte, aber vergeblich. Es ist alles anders. Ich bin eben tatsächlich nicht mehr im Bilde. Es ist mir nicht möglich, die Gegend wiederzuerkennen. Wie sich später herausstellte, war es allerdings auch ausgeschlossen, denn ich flog etwa hundert Kilometer neben meinem Kartenrand.

Nach etwa zweistündigem Fluge entschlossen sich mein Führer und ich zu einer Notlandung. Dies ist immer was Unangenehmes, so ohne Flughafen. Man weiß nicht, wie die Erdoberfläche ist. Kommt ein Rad in ein Loch, ist die Kiste futsch. Erst versuchten wir noch, auf einem Bahnhof die Aufschrift der Station zu erkennen, aber Kuchen, natürlich war sie so klein aufgepinselt, daß man auch nicht einen Buchstaben erkennen konnte. Also müssen wir landen. Nur schweren Herzens, aber es bleibt uns nichts anderes übrig. Wir suchen uns eine Wiese, die von oben ganz schön aussieht, und versuchen unser Heil. Leider sah die Wiese bei näherer Betrachtung nicht so schön aus. Dies konnte ich auch an einem etwas verbogenen Fahrgestell feststellen. So hatten wir uns denn völlig mit Ruhm bekleckert. Erst »verfranzt« und dann die Kiste zerschmissen! Wir mußten nun also mit einem ganz ordinären Fortbewegungsmittel, dem D-Zug, unsere weitere Reise nach der Heimat antreten. Langsam, aber sicher erreichten wir Berlin. Wir waren in der Nähe von Leipzig notgelandet. Hätten wir nicht die Dummheit gemacht, so wären wir gewiß noch nach Berlin gekommen, aber wie man's macht, macht man's falsch.

Einige Tage später traf ich in meiner Heimatstadt Schweidnitz ein. Obwohl es sieben Uhr morgens war, hatte sich doch eine ganze Menge Menschen auf dem Bahnhof angefunden. Die

Begrüßung war herzlich. Am Nachmittag wurden mir verschiedene Ehrungen zuteil, darunter auch durch Jugendwehr.

Im großen und ganzen wurde mir klar, daß die Heimat sich für ihre Kämpfer im Felde doch lebhaft interessiert.

Mein Bruder

Ich war noch nicht acht Tage auf Urlaub, da kriegte ich die telegraphische Nachricht: »Lothar verwundet, nicht lebensgefährlich.« Mehr nicht. Nähere Erkundigungen ergaben, daß er wieder mal recht leichtsinnig gewesen war. Er flog mit Allmenröder zusammen gegen den Feind. Da sah er tief unten, ziemlich weit drüben, einen allein herumkrebsenden Englishman. Das sind so die feindlichen Infanterieflieger, die unseren Truppen besonders lästig fallen. Jedenfalls beunruhigen sie sehr. Ob sie wirklich etwas erreichen mit ihrem tiefen Rumkrebsen, ist sehr die Frage. Mein Bruder war etwa zweitausend Meter hoch, der Engländer tausend. Er pürscht sich 'ran, setzt zum Sturzflug an und ist in wenigen Sekunden bei ihm. Der Engländer zog es vor, den Kampf zu vermeiden, und verschwand gleichfalls im Sturzflug in der Tiefe. Mein Bruder, nicht faul, hinterher. Ganz schnuppe, ob es drüben oder bei uns ist. Nur ein Gedanke: er muß 'runter. Das ist ja auch natürlich das richtige. Ab und zu mache ich's auch. Aber wenn es mein Bruder bei jedem Fluge nicht mindestens einmal gemacht hat, macht ihm das ganze Unternehmen keinen Spaß. Erst ganz kurz über dem Boden kriegt er ihn wirklich gut vor und kann ihm den Laden vollschießen.

Der Engländer stürzt senkrecht in die Erde. Viel bleibt nicht mehr übrig.

Nach so einem Kampfe, besonders in geringer Höhe, in dem man sich oft gedreht und gewendet hat, mal rechtsrum und mal linksrum geflogen ist, hat der normale Sterbliche keine Ahnung mehr, wo er sich befindet. Nun war es an diesem Tage noch etwas dunstig, also ein besonders ungünstiges Wetter. Schnell hatte er sich orientiert und merkt erst jetzt, daß er doch wohl ein ganzes Ende hinter der Front ist. Er war hinter der Vimy-Höhe. Die Vimy-Höhen sind etwa hundert Meter höher als die andere Gegend. Mein Bruder war hinter diesen Vimy-Höhen verschwunden – behaupten jedenfalls die Beobachter von der Erde aus.

Dieses Nachhausefliegen, bis man seine eigene Stellung erreicht hat, gehört nicht zu den angenehmsten Gefühlen, die man sich denken kann. Man kann nichts dagegen tun, daß einen der Gegner beschießt. Nur selten treffen sie. Mein Bruder näherte sich der Linie. In so geringer Höhe kann man jeden Schuß hören, es hört sich an, wie wenn Kastanien im Feuer platzen, wenn der einzelne Infanterist schießt. Da – mit einem Male fühlte er einen Schlag, getroffen. Das war ihm klar. Er zählt zu den Menschen, die nicht ihr eignes Blut sehen können. Bei einem anderen macht es ihm keinen Eindruck; wenigstens weniger. Aber sein eigenes Blut stört ihn. Er fühlt, wie es ihm warm am rechten Bein herunterläuft, zur gleichen Zeit auch einen Schmerz in der Hüfte. Unten wird noch immer geknallt. Also ist er noch drüben. Da endlich hört es so sachte auf, und er ist über unsere Front hinüber. Nun muß er sich aber beeilen, denn seine Kräfte lassen zusehends nach. Da sieht er einen Wald, daneben eine Wiese. Also auf die Wiese zu. Die Zündung schnell herausgenommen, der Motor bleibt stehen, und in demselben Augenblick ist es alle mit seinen Kräften, die Besinnung hat ihn verlassen. Er sitzt ja nun ganz allein in seinem Flugzeug, also ein zweiter konnte ihm nicht helfen. Wie er auf die Erde hinuntergekommen ist, ist eigentlich ein Wunder. Denn von allein startet und landet kein Flugzeug. Man behauptet dies nur von einer alten Taube in Köln, die von einem Monteur zum Start zurechtgemacht ist und gerade in dem Augenblick, wie der Pilot sich hineinsetzen will, von allein losfliegt, von allein eine Kurve macht und nach fünf Minuten wieder landet. Das wollen viele Männer gesehen haben. Ich habe es nicht gesehen – aber ich bin doch fest davon überzeugt, daß es wahr ist. Mein Bruder jedenfalls hatte nicht so eine Taube, die von allein landet, aber trotzdem hatte er sich bei dem Berühren mit dem Erdboden nichts getan. Erst im Lazarett fand er die Besinnung wieder. Er wurde nach Douai transportiert.

Es ist für einen Bruder ein ganz eigenartiges Gefühl, wenn man den anderen in einen Kampf mit einem Engländer verwickelt sieht. So sah ich zum Beispiel einmal, wie Lothar hinter dem Geschwader etwas herhängt und von einem Engländer attackiert wird. Es wäre für ihn ein leichtes gewesen, den Kampf zu verweigern. Er braucht bloß in der Tiefe zu verschwinden. Aber nein, das tut er nicht! Der Gedanke kommt ihm scheinbar gar nicht. Ausreißen kennt er nicht. Zum Glück hatte ich dies beobachtet und paßte auf. Da sah ich, wie der Engländer, der über ihm war, immer auf ihn 'runterstößt und schießt. Mein Bruder versucht, seine Höhe zu erreichen, unbekümmert, ob er beschossen wird oder nicht. Da – mit einem Male überschlägt sich das Flugzeug, und die rot angestrichene Maschine stürzt senkrecht, sich um sich selbst drehend, herunter. Keine gewollte Bewegung, sondern ein regelrechter Absturz. Dieses ist für den zusehenden Bruder nicht das schönste aller Gefühle. Aber ich habe mich so sachte daran gewöhnen müssen, denn mein Bruder benutzte es als Trick. Wie er erkannt hatte, daß der Engländer ihm über war, markierte er ein Angeschossensein. Der Engländer hinterher, mein Bruder fängt sich und hat ihn im Umsehen überstiegen. Das feindliche Flugzeug konnte sich nicht so schnell wieder aufrichten und zur Besinnung kommen, da saß ihm mein Bruder im Nacken, und einige Augenblicke später schlugen die Flammen heraus. Dann ist nichts mehr zu retten, dann stürzt das Flugzeug brennend ab.

Ich habe mal auf der Erde neben einem Benzintank gestanden, wo hundert Liter auf einmal explodierten und verbrannten. Ich konnte nicht zehn Schritt daneben stehen, so heiß wurde mir. Und nun muß man sich vorstellen, daß auf wenige Zentimeter vor einem so ein Tank von vielen fünfzig Litern explodiert und der Propellerwind die ganze Glut einem ins Gesicht treibt. Ich glaube, man ist im ersten Moment schon besinnungslos, und es geht jedenfalls am schnellsten.

Aber es passieren doch ab und zu Zeichen und Wunder. So sah ich z. B. einmal ein englisches Flugzeug brennend abstürzen. Die Flammen schlugen erst in fünfhundert Metern Höhe heraus. Die Maschine stand in hellen Flammen. Wie wir nach Hause fliegen, erfahren wir, daß der eine der Insassen aus fünfzig Metern Höhe herausgesprungen ist. Es war der Beobachter. Fünfzig Meter Höhe! Man muß sich mal die Höhe überlegen. Der höchste Kirchturm, der in Berlin ist, reicht gerade heran. Man springe mal von der Spitze dieses Turmes herunter! Wie man wohl unten ankommen mag! Die meisten brächen sich's Genick, wenn sie aus dem Hochparterre herausspringen würden. Jedenfalls, dieser brave »Franz« sprang aus seinem brennenden Flugzeug aus fünfzig Meter Höhe heraus, das bereits mindestens eine Minute gebrannt hatte, und machte sich weiter nichts als einen glatten Unterschenkelbruch. Er hat sogar, gleich nachdem ihm all dies passiert ist, noch Aussagen gemacht, also sein seelischer Zustand hatte nicht einmal gelitten.

Ein andermal schoß ich einen Engländer ab. Der Flugzeugführer hatte einen tödlichen Kopfschuß, das Flugzeug stürzte steuerlos, senkrecht, ohne sich zu fangen, aus dreitausend Metern Höhe in die Erde. Eine ganze Weile später erst kam ich im Gleitflug hinterher und sah unten weiter nichts als einen wüsten Haufen. Zu meinem Erstaunen erfuhr ich, der Beobachter habe nur einen Schädelbruch, und sein Zustand sei nicht lebensgefährlich. Glück muß eben der Mensch haben.

Wieder einmal schoß Boelcke einen Nieuport ab. Ich sah es selbst. Das Flugzeug stürzte wie ein Stein. Wir fuhren hin und fanden das Flugzeug bis zur Hälfte im Lehm vergraben. Der Insasse, ein Jagdflieger, war durch einen Bauchschuß besinnungslos und hatte sich beim Aufschlagen nur einen Arm ausgekugelt. Er ist nicht gestorben.

Andererseits habe ich es wieder erlebt, daß ein guter Freund von mir bei einer Landung mit einem Rade in ein Karnickelloch kam. Die Maschine hatte überhaupt keine Geschwindigkeit mehr und stellte sich ganz langsam auf den Kopf, überlegte sich, nach welcher Seite sie umkippen sollte, fiel auf den Rücken – und der arme Kerl hatte das Genick gebrochen.

*

Mein Bruder Lothar ist Leutnant bei den Vierten Dragonern, war vor dem Kriege auf Kriegsschule, wurde gleich zu Anfang Offizier und hat, gleich wie ich, den Krieg als Kavallerist begonnen. Was er da alles an Heldentaten begangen hat, ist mir unbekannt, da er nie von sich selbst spricht. Man hat mir nur folgende Geschichte erzählt: Es war im Winter 1914, sein Regiment lag an der Warthe, die Russen auf der anderen Seite. Kein Mensch wußte, rücken sie oder bleiben sie. Die Ufer waren zum Teil gefroren, so daß man schlecht durchreiten konnte. Brücken gab's natürlich nicht, die hatten die Russen abgerissen. Da schwamm mein Bruder durch, stellte fest, wo die Russen waren, und kam zurückgeschwommen. Dieses alles im strengen russischen Winter bei soundso viel Grad minus. Seine Kleider waren nach wenigen Minuten festgefroren, und darunter, behauptete er, sei es ganz warm gewesen. So ritt er den ganzen Tag, bis er abends in sein Quartier kam. Dabei hat er sich nicht erkältet.

Im Winter 1915 ging er auf mein Drängen hin zur Fliegerei, wurde, gleich wie ich, Beobachter. Erst ein Jahr später Flugzeugführer. Die Schule als Beobachter ist gewiß nicht schlecht, gerade für einen Jagdflieger. März 1917 machte er sein drittes Examen und kam sofort zu meiner Jagdstaffel.

Er war also noch ein ganz, ganz junger und ahnungsloser Flugzeugführer, der noch an kein

Looping und ähnliche Scherze dachte, sondern zufrieden war, wenn er ordentlich landen und starten konnte. Nach vierzehn Tagen nahm ich ihn zum ersten Male mit gegen den Feind und bat ihn, dicht hinter mir zu fliegen, um sich die Sache mal genau anzusehen. Nach dem dritten Fluge mit ihm sehe ich mit einem Male, wie er sich von mir trennt und sich gleichfalls auf einen Engländer stürzt und ihn erlegt. Mein Herz hüpfte vor Freude, als ich dies sah. Es war mir wieder mal ein Beweis, wie wenig das Abschießen eine Kunst ist. Es ist nur die Persönlichkeit oder, anders ausgedrückt, der Schneid des Betreffenden, der die Sache macht. Ich bin also kein Pégoud, will es auch nicht sein, sondern nur Soldat, und tue meine Pflicht.

Vier Wochen später hatte mein Bruder bereits zwanzig Engländer abgeschossen. Dies dürfte wohl einzig dastehen in der ganzen Fliegerei, daß ein Flugzeugführer vierzehn Tage nach seinem dritten Examen den ersten und vier Wochen nach dem ersten zwanzig Gegner abgeschossen hat.

Sein zweiundzwanzigster Gegner war der berühmte Captain Ball, weitaus der beste englische Flieger. Den seinerzeit ebenso bekannten Major Hawker hatte ich mir vor einigen Monaten bereits zur Brust genommen. Es machte mir besonders Freude, daß es nun mein Bruder war, der den zweiten Champion Englands erledigte. Captain Ball flog einen Dreidecker und begegnete meinem Bruder einzeln an der Front. Jeder versuchte den anderen zu fassen. Keiner gab sich eine Blöße. Es blieb bei einem kurzen Begegnen. Immer nur auf sich zufliegend. Nie glückte es dem einen, sich hinter den anderen zu setzen. Da entschlossen sich plötzlich beide in dem kurzen Augenblick des Aufeinanderzufliegens, einige wohlgezielte Schüsse abzugeben. Beide fliegen aufeinander zu. Beide schießen. Jeder hat vor sich einen Motor. Die Treffwahrscheinlichkeiten sind sehr gering, die Geschwindigkeit doppelt so groß wie normal. Eigentlich unwahrscheinlich, daß einer von beiden trifft. Mein Bruder, der etwas tiefer war, hatte dabei seine Maschine stark überzogen und überschlug sich, verlor das Gleichgewicht, und seine Maschine wurde für einige Momente steuerlos. Bald hatte er sie wieder gefangen, mußte aber feststellen, daß ihm der Gegner beide Benzintanks zerschossen hatte. Also landen! Schnell die Zündung 'raus, sonst brennt die Kiste. Der nächste Gedanke aber war: Wo bleibt mein Gegner? Im Augenblick des Überschlagens hatte er gesehen, wie sich der Gegner gleichfalls aufbäumte und überschlagen hatte. Er konnte also nicht allzu weit von ihm entfernt sein. Der Gedanke herrscht: Ist er über mir oder unter mir? Drüber war er nicht mehr, dafür aber sah er unter sich den Dreidecker sich überschlagen und noch immer tiefer stürzen. Er stürzte und stürzte, ohne sich zu fangen, bis auf den Boden. Dort zerschellte er. Es war auf unserem Gebiet. Beide Gegner hatten sich in dem kurzen Augenblick des Begegnens mit ihren starren Maschinengewehren getroffen. Meinem Bruder waren die beiden Benzintanks zerschossen, und im selben Augenblick hatte der Captain Ball einen Kopfschuß bekommen. Er trug bei sich einige Photographien und Zeitungsausschnitte seiner Heimatprovinzen, in denen er sehr angefeiert wurde. Er schien kurze Zeit zuvor noch auf Urlaub gewesen zu sein. Zu Boelckes Zeiten hatte Captain Ball sechsunddreißig deutsche Apparate vernichtet. Auch er hat einen Meister gefunden. Oder war es Zufall, daß eine Größe wie er gleichfalls den normalen Heldentod sterben mußte?

Captain Ball war ganz gewiß der Führer des Anti-Richthofen-Geschwaders, und ich glaube, der Englishman wird es nun lieber aufstecken, mich zu fangen. Das täte uns leid, denn dadurch würde uns manche schöne Gelegenheit genommen, bei der wir die Engländer gut belapsen könnten.

Wäre mein Bruder nicht am 5. Mai verwundet worden, ich glaube, er wäre nach meiner Rückkehr vom Urlaub gleichfalls mit Zweiundfünfzig auf Urlaub geschickt worden.

Lothar ein »Schießer«
und nicht ein Weidmann

Mein Vater macht einen Unterschied zwischen einem Jäger (Weidmann) und einem Schießer, dem es nur Spaß macht, zu schießen. Wenn ich einen Engländer abgeschossen habe, so ist meine Jagdpassion für die nächste Viertelstunde beruhigt. Ich bringe es also nicht fertig, zwei Engländer unmittelbar hintereinander abzuschießen. Fällt der eine herunter, so habe ich das unbedingte Gefühl der Befriedigung. Erst sehr, sehr viel später habe ich mich dazu überwunden und mich zum Schießer ausgebildet.

Bei meinem Bruder war es anders. Wie er seinen vierten und fünften Gegner abschoß, hatte ich Gelegenheit, ihn zu beobachten. Wir griffen ein Geschwader an. Ich war der erste. Mein Gegner war bald erledigt. Ich gucke mich um und sehe, wie mein Bruder hinter einem Engländer sitzt, aus dem gerade die Flamme herauschlägt und dessen Maschine explodiert. Neben diesem Engländer fliegt ein zweiter. Er machte weiter nichts, als daß er von dem ersten, der noch gar nicht mal 'runtergefallen war und sich noch in der Luft befand, sein Maschinengewehr auf den nächsten richtete und sofort weiterschoß, kaum daß er absetzte. Auch dieser fiel nach kürzerem Kampf.

Zu Hause fragte er mich stolz: »Wieviel hast du abgeschossen?« Ich sagte ganz bescheiden: »Einen.« Er dreht mir den Rücken und sagt: »Ich habe zwei«, worauf ich ihn zur Nachsuche nach vorn schickte. Er mußte feststellen, wie seine Kerle hießen usw. Am späten Nachmittag kommt er zurück und hat nur einen gefunden.

Die Nachsuche war also schlecht, wie überhaupt bei solchen Schießern. Erst am Tage darauf meldete die Truppe, wo der andere lag. Daß er 'runtergefallen war, hatten wir ja alle gesehen.

Der Auerochs

Der Fürst Pleß hatte mir gelegentlich eines Besuches im Hauptquartier erlaubt, bei ihm auf seiner Jagd ein Wisent abzuschießen. Der Wisent ist das, was im Volksmund mit Auerochse bezeichnet wird. Auerochsen sind ausgestorben. Der Wisent ist auf dem besten Wege, das gleiche zu tun. Auf der ganzen Erde gibt es nur noch zwei Stellen, und das ist in Pleß und beim Revier des ehemaligen Zaren im Bialowiczer Forst. Der Bialowiczer Forst hat natürlich durch den Krieg kolossal gelitten. So manchen braven Wisent, den sonst nur hohe Fürstlichkeiten und der Zar abgeschossen hätten, hat sich ein Musketier zu Gemüte geführt.

Mir war also durch die Güte Seiner Durchlaucht der Abschuß eines so seltenen Tieres erlaubt worden. In etwa einem Menschenalter gibt es diese Tiere nicht mehr, da sind sie ausgerottet.

Ich kam am Nachmittag des 26. Mai in Pleß an und mußte gleich vom Bahnhof losfahren, um den Stier noch am selben Abend zu erlegen. Wir fuhren die berühmte Straße durch den Riesenwildpark des Fürsten entlang, auf der wohl manche gekrönten Häupter vor mir entlang gefahren sind. Nach etwa einer Stunde stiegen wir aus und hatten nun noch eine halbe Stunde zu laufen, um auf meinen Stand zu kommen, während die Treiber bereits aufgestellt waren, um auf das gegebene Zeichen mit dem Drücken zu beginnen. Ich stand auf der Kanzel, auf der, wie mir der Oberwildmeister berichtete, bereits mehrmals Majestät gestanden hat, um so manchen Wisent von da aus zur Strecke zu bringen. Wir warten eine ganze Zeit. Da plötzlich sah ich im hohen Stangenholz ein riesiges schwarzes Ungetüm sich heranwälzen, genau auf mich zu. Ich sah es noch eher als der Förster, machte mich schußfertig und muß sagen, daß ich doch etwas Jagdfieber kriegte. Es war ein mächtiger Stier. Auf zweihundertfünfzig Schritt verhoffte er noch einen Augenblick. Es war mir zu weit, um zu schießen. Getroffen hätte man ja vielleicht das Ungetüm, weil man eben an so einem Riesending überhaupt nicht vorbeischießen kann. Aber die Nachsuche wäre doch eine unangenehme Sache gewesen. Außerdem die Blamage, vorbeizuschießen. Also warte ich lieber, daß er mir näher kommt. Er mochte wohl wieder die Treiber gespürt haben, denn mit einem Male machte er eine ganz kurze Wendung und kam in windender Fahrt, die man so einem Tiere nie zugetraut hätte, heran, genau spitz auf mich zu. Schlecht zum Schießen. Da verschwand er hinter einer Gruppe von dichten Fichten. Ich hörte ihn noch schnaufen und stampfen. Sehen konnte ich ihn nicht mehr. Ob er Wind von mir bekommen hatte oder nicht, weiß ich nicht. Jedenfalls war er weg. Noch einmal sah ich ihn auf eine große Entfernung, dann war er verschwunden.

War es der ungewohnte Anblick eines solchen Tieres oder wer weiß was – jedenfalls hatte ich in dem Augenblick, wo der Stier herankam, dasselbe Gefühl, dasselbe Jagdfieber, das mich ergreift, wenn ich im Flugzeug sitze, einen Engländer sehe und ihn noch etwa fünf Minuten lang anfliegen muß, um an ihn heranzukommen. Nur mit dem einen Unterschied, daß sich der Engländer wehrt. Hätte ich nicht auf einer so hohen Kanzel gestanden, wer weiß, ob da nicht noch andere moralische Gefühle mitgespielt hätten?

Es dauerte nicht lange, da kommt der zweite. Auch ein mächtiger Kerl. Er macht es mir sehr viel leichter. Auf etwa hundert Schritt verhofft er und zeigt mir sein ganzes Blatt. Der erste Schuß traf, er zeichnet. Ich hatte ihm einen guten Blattschuß verpaßt. Hindenburg hatte mir einen Monat vorher gesagt: »Nehmen Sie sich recht viel Patronen mit. Ich habe auf meinen ein halbes Dutzend verbraucht, denn so ein Kerl stirbt ja nicht. Das Herz sitzt ihm so tief, daß man meistenteils vorbeischießt.« Und es stimmte. Das Herz, trotzdem ich ja genau wußte, wo es saß, hatte ich nicht getroffen. Ich repetierte. Der zweite Schuß, der dritte, da bleibt er stehen, schwerkrank. Vielleicht auf fünfzig Schritt vor mir.

Fünf Minuten später war das Ungetüm verendet. Die Jagd wurde abgebrochen und »Hirsch tot« beblasen. Alle drei Kugeln saßen ihm dicht überm Herzen, sehr gut Blatt.

Wir fuhren nun an dem schönen Jagdhaus des Fürsten vorbei und noch eine Weile durch den Wildpark, in dem alljährlich zu der Brunstzeit die Gäste des Fürsten ihren Rothirsch usw. erlegen. Wir hielten noch und sahen uns das Innere des Hauses im Promnitz an. Auf einer Halbinsel gelegen, mit wunderschönem Blick, auf fünf Kilometer Entfernung kein menschliches Wesen. Man hat nicht mehr das Gefühl, in einem Wildpark zu sein, wie man sich wohl im allgemeinen vorstellt, wenn man von der Fürstlich Pleßschen Jagd spricht. Vierhunderttausend Morgen Gatter sind eben kein Wildpark mehr. Da gibt es kapitale Hirsche, die nie ein Mensch gesehen hat, die kein Förster kennt, und die gelegentlich in der Brunstzeit erlegt werden. Man kann wochenlang laufen, um ein Wisenttier zu Gesicht zu bekommen. In manchen Jahreszeiten ist es ausgeschlossen, sie überhaupt zu sehen. Dann sind sie so heimlich, daß sie sich in den Riesenwäldern und unendlichen Dickichten vollständig verkriechen. Wir sahen noch manchen Hirsch im Bast und manchen guten Bock.

Nach etwa zwei Stunden kamen wir kurz vor Dunkelheit wieder in Pleß an.

Infanterie-, Artillerie-
und Aufklärungsflieger

Wäre ich nicht Jagdflieger geworden, ich glaube, ich hätte mir das Infanteriefliegen ausgesucht. Es ist einem doch eine große Befriedigung, wenn man unserer am schwersten kämpfenden Truppe direkte Hilfe leisten kann. Der Infanterieflieger ist in der Lage, dies zu tun. Er hat damit eine dankbare Aufgabe. Ich habe in der Arras-Schlacht so manchen dieser tüchtigen Leute beobachten können, wie sie bei jedem Wetter und zu jeder Tageszeit in niedriger Höhe über den Feind flogen und die Verbindung mit unserer schwer kämpfenden Truppe suchten. Ich verstehe es, wie man sich dafür begeistern kann, ich glaube, so manch einer hat Hurra gebrüllt, wenn er die feindlichen Massen hat nach einem Angriff zurückfluten sehen und unsere schneidige Infanterie aus den Gräben hervorkam und den zurückflutenden Gegner Auge in Auge bekämpfte. So manches Mal habe ich den Rest meiner Patronen nach einem Jagdflug auf die feindlichen Schützengräben verschossen. Wenn es auch wenig hilft, so macht es doch moralischen Eindruck.

Artillerieflieger bin ich auch selbst gewesen. Es war zu meiner Zeit etwas Neues, mit Funkentelegraphie das Schießen der eigenen Artillerie zu leiten. Aber dazu gehört eine ganz besondere Begabung. Ich konnte mich auf die Dauer nicht dazu eignen. Der Kampf ist mir lieber. Zum Artilleriefliegen muß man wohl selbst zur Waffe gehören, um das nötige Verständnis mitzubringen.

Aufklärungsfliegen habe ich auch getrieben, und zwar in Rußland im Bewegungskriege. Da war ich noch einmal Kavallerist, d. h. ich kam mir so vor, wenn ich mit meinem stählernen Pegasus loszog. Jene Tage mit Holck über den Russen sind mit meine schönste Erinnerung. Aber das Bild der Bewegung kommt scheinbar nicht wieder.

Im Westen sieht der Aufklärungsflieger ganz etwas anderes, als das Auge des Kavalleristen gewohnt ist. Die Dörfer und Städte, die Eisenbahnen und Straßen sehen so tot und still aus, und trotzdem ist auf ihnen ein ungeheurer Verkehr, der aber dem Flieger mit großer Geschicklichkeit verborgen wird. Nur ein ganz, ganz geübtes Auge vermag aus den rasenden Höhen etwas Bestimmtes zu beobachten. Ich habe gute Augen, aber es erscheint mir zweifelhaft, ob es überhaupt einen gibt, der etwas Genaues aus fünftausend Metern Höhe auf einer Chaussee erkennen kann. Man photographiert also all das, was man für wichtig hält, und was man photographieren soll. Kommt man nach Hause und die Platten sind verunglückt, so ist der ganze Flug umsonst gewesen.

Dem Aufklärungsflieger begegnet es oft, daß er in einen Kampf verwickelt wird, aber er hat Wichtigeres zu tun, als sich mit dem Kampf zu beschäftigen. Oft ist eine Platte wichtiger als das Abschießen eines ganzen Apparates, deshalb ist er in den meisten Fällen gar nicht dazu berufen, luftzukämpfen.

Es ist eine schwere Aufgabe heutzutage, im Westen eine gute Aufklärung durchzuführen.

Unsere Flugzeuge

Wie wohl jedem klar ist, haben sich im Laufe des Krieges unsere Flugzeuge etwas verändert. Der größte Unterschied ist zwischen einem Riesenflugzeug und einem Jagdflugzeug.

Das Jagdflugzeug ist klein, schnell, wendig, trägt aber nichts. Nur die Patronen und die Maschinengewehre.

Das Riesenflugzeug – man muß sich bloß das erbeutete englische Riesenflugzeug ansehen, das auf unserer Seite glatt gelandet ist, ist ein Koloß, nur dazu bestimmt, durch große Flächen möglichst viel zu tragen. Es schleppt unheimlich viel; dreitausend bis fünftausend Kilogramm sind gar nichts dafür. Die Benzintanks sind die reinen Eisenbahntankwagen. Man hat nicht mehr das Gefühl des Fliegens in so einem großen Ding, sondern man »fährt«. Das Fliegen wird nicht mehr durch das Gefühl, sondern durch technische Instrumente gemacht.

So ein Riesenflugzeug hat unheimlich viel Pferdekräfte. Die Zahl weiß ich nicht genau, aber es sind viele tausend. Je mehr, je besser. Es ist nicht ausgeschlossen, daß wir noch mal ganze Divisionen in so einem Ding transportieren können. In ihrem Rumpf kann man spazierengehen. In der einen Ecke ist ein unbeschreibliches Etwas, da haben die Gelehrten einen Funkentelegraphen hineingebaut, mit dem man sich im Fluge mit der Erde völlig verständigen kann. In der anderen Ecke hängen die schönsten Zervelatwürste, die berühmten Fliegerbomben, vor denen die unten solche Angst haben. Aus jeder Ecke starrt der Lauf eines Gewehrs. Eine fliegende Festung ist es. Die Tragflächen mit ihren Streben kommen einem vor wie Säulenhallen. Ich kann mich für diese Riesenkähne nicht begeistern. Ich finde sie gräßlich, unsportlich, langweilig, unbeweglich. Mir gefällt mehr ein Flugzeug wie »le petit rouge«. Mit dem Ding ist es ganz egal, ob man auf dem Rücken fliegt, es senkrecht auf den Kopf stellt oder sonst welche Zicken macht, man fliegt eben wie ein Vogel, und doch ist es kein »Schwingenfliegen« wie der Vogel Albatros, sondern das ganze Ding ist eben ein »fliegender Motor«. Ich glaube, wir werden noch so weit kommen, daß wir uns Fliegeranzüge für zwei Mark fünfzig Pfennig kaufen können, in die man einfach 'reinkriecht. An einem Ende ist ein Motörchen und ein Propellerchen, die Arme steckt man in die Tragflächen und die Beine in den Schwanz, dann hopst man etwas, das ist der Start, und dann geht es gleich einem Vogel durch die Lüfte.

Du lachst gewiß, lieber Leser, ich auch, aber ob unsere Kinder lachen werden, ist noch nicht heraus. Man hätte auch gelacht, wenn einer vor fünfzig Jahren erzählt hätte, er würde über

Berlin hinwegfliegen. Ich sehe noch Zeppelin, wie er im Jahre 1910 zum ersten Male nach Berlin kam, und jetzt guckt die Berliner Range kaum noch nach oben, wenn so ein Ding durch die Luft braust.

Außer diesen Riesenflugzeugen und dem Ding für Jagdflieger gibt es nun noch eine unzählige Menge von anderen in jeder Größe. Man ist noch lange nicht am Ende der Erfindungen. Wer weiß, was wir in einem Jahr verwenden werden, um uns in den blauen Äther zu bohren!

»*Dies mag es wohl sein, was den Krieg für das Gemüt eigentlich verderblich macht. Man spielt den Kühnen, Zerstörenden, dann wieder den Sanften, Belebenden; man gewöhnt sich an Phrasen, mitten in dem verzweifeltsten Zustand Hoffnung zu erregen und zu beleben; hierdurch entsteht nun eine Art von Heuchelei, die einen besondern Charakter hat und sich von der pfäffischen, höfischen, oder wie sie sonst heißen mögen, ganz eigen unterscheidet.*«

(Goethe, Kampagne in Frankreich, 3. September 1792)

Friedrich Wilhelm Korff

Richthofen

»Ich habe so den dunklen Eindruck, als ob aus dem ›Roten Kampfflieger‹ den Leuten ein ganz anderer Richthofen entgegenleuchtet – als mir selbst zu Mute ist. Wenn ich in dem Buch lese, grinse ich mich selbst schnoddrig an. Jetzt ist mir gar nicht mehr schnoddrig zumute. Nicht etwa deshalb, weil ich mir vorstelle, wie das ist, wenn sich mir eines Tages der Tod in den Nacken setzt, deshalb sicher nicht, obgleich ich oft genug daran erinnert werde, daß das einmal so kommen kann. Von höchster Stelle hat man mir sagen lassen, ich solle es jetzt aufgeben, selber zu fliegen, denn einmal würde es mich doch erwischen.«
(M. Frhr. v. Richthofen, Der rote Kampfflieger, Berlin 1933[3], 203)

»Wenn Sie die Stimmung feststellen wollen, dann dürfen Sie nicht zu mir kommen. Meine Stimmung ist immer gut.«
(Richthofen zu einem Parlamentarier an der Front. Aus: P. R. Skawran, Psychologie des Jagdfliegers, Berlin 1940, 86)

»Ich flog quietschvergnügt eines schönen Tages wieder mal auf Jagd und beobachtete drei Engländer, die scheinbar auch nichts anderes vorhatten als zu jagen. Ich merkte, wie sie mit mir liebäugelten, und da ich gerade viel Lust zum Kampfe hatte, ließ ich mich darauf ein.« (103; wenn ohne Zusatz, handelt es sich um diese Ausgabe)
»Der Rhein hat eben einen besonderen Reiz, so auch von oben.« (158)
»Es ist das die Zeit, wo unser lieber Prinz Friedrich Karl sein Leben dem Vaterland opferte.« (121)

»Killer« oder Held?

Wenn Buffons Maxime »Le style c'est de l'homme même« zutrifft, dann fällt in diesem Buch auf, daß Person und Stimmung auseinanderstreben und wieder zusammengezwungen werden. Entweder man ist schnoddrig, oder man ist es nicht; »schnoddrig zumute« sein, ist eine aufgesetzte Eigenschaft, und es fragt sich, für wen? Richthofen nennt seine Sache vorsichtig »Tätigkeit«, z. B.: »Ich hoffte, bald im Kreise dieser lieben Menschen meine Tätigkeit wieder aufnehmen zu können« (156). Die Umschreibung wirkt gestelzt, empfindlich, und wenn man sie übersetzt, bedeutet sie: Wenn meine Kopfverwundung ausgeheilt ist, will ich wieder jagen. Auf der anderen Seite vermeidet Richthofen den Euphemismus und beschwindelt sich direkt: »Es gibt eben nichts Schöneres für einen jungen Kavallerieoffizier, als auf Jagd zu fliegen« (88). Zwischen diesen Polen flattert Richthofens Stil, und das macht ihn unverwechselbar. Das Fidele, so »quietschvergnügt« es sich auch gibt, ist im Grunde vegetative Dystonie, und das sieht man an den Kalauern, die denen der Friederike Kempner nahekommen. Kann man einen Opfertod launig beschreiben?

189

»Der Name Siegfried-Stellung ist wohl jedem Jüngling im Deutschen Reiche bekannt.« (121)

»Es ist ein eigenartiges Gefühl, da hat man wieder einmal ein paar Menschen totgeschossen, die liegen da irgendwo verbrannt, und selber setzt man sich, wie alltäglich, an den Tisch, und das Essen schmeckt einem ebensogut wie immer. Das sagte ich auch einmal zu Majestät, wie ich beim Kaiser zur Tafel befohlen war. Doch Majestät sagte nichts zu mir als: ›Meine Soldaten schießen keine Menschen tot, meine Soldaten vernichten den Gegner.‹«
(Richthofen zu dem Schriftsteller P. M. Lampl, aus: P. Supf, Das Buch der deutschen Fluggeschichte, Stuttgart 1958, Bd. II, 442)

»Es liegt wohl im Blute eines Germanen, den Gegner, wo man ihn auch trifft, über den Haufen zu rennen, besonders natürlich feindliche Kavallerie.« (31)

Richthofens Sprache ist überkontrolliert. Man kann sie mit den Reflexen eines überforderten Körpers vergleichen, der Angst, Bedrückung, aber auch Jubel über Erfolg loswerden, nur Reflexionen darüber nicht an sich herankommen lassen will. Hinter seiner burschikosen Liebenswürdigkeit und seinem Charme (der gelegentlich dem eines Holzhammers nahekommt) muß er sich gewaltig zusammengenommen und um alles, was er darstellte – nicht nur in der Luft –, gekämpft haben. Seine Kraft ist daher auch am Ende, wo seine Scherze beginnen. Die Gezwungenheit übertrug sich gewissermaßen auch auf seine Umgebung. Man empfand sehr großen Respekt und benahm sich, seiner Ausstrahlung folgend, korrekt, gelacht wurde wenig, dagegen nahm man eine innere Haltung an, die anders war als die militärisch äußere. – Das Merkwürdige ist, daß man nicht einmal von einer Doppel-Natur (Schizothymie) sprechen kann, auch das hat er bezwungen. Schreibt die Zeilen über das Blut des Germanen ein Korrespondent der »London Times« oder ein königlich preußischer Rittmeister? Hinter Richthofens Sätzen ist manchmal kein Subjekt lokalisierbar. Entsteht die Zurücknahme der Person, die aber doch gleichzeitig Angriffsmentalität zeigt, aus sprachlichem Ungeschick, oder gibt dieser würdige Satz einen Hinweis auf Adiaphorie, Gleichgültigkeit, Phantasielosigkeit, Hanswurstigkeit gegenüber der eigenen Sache? Oder

»Man hatte eine ganze Menge dieser Herren an die Wand stellen müssen.« (27)

»Den seinerzeit ebenso bekannten Major Hawker hatte ich mir vor einigen Monaten bereits zur Brust genommen.« (171)

»Mein Vater macht einen Unterschied zwischen einem Jäger (Weidmann) und einem Schießer, dem es nur Spaß macht, zu schießen. Wenn ich einen Engländer abgeschossen habe, so ist meine Jagdpassion für die nächste Viertelstunde beruhigt. Ich bringe es also nicht fertig, zwei Engländer unmittelbar hintereinander abzuschießen. Fällt der eine herunter, so habe ich das unbedingte Gefühl der Befriedigung. Erst sehr viel später habe ich mich dazu überwunden und mich zum Schießer ausgebildet.« (174)

ist es Adiaphthorie, Reinheit, Unverfälschtheit, Unverdorbenheit, denn mit 25 Jahren ist »man« doch noch zu jung, um den Landsknechtsmanieren der Umgebung zu widerstehen? Die Artikulation persönlicher Eindrücke steht doch unter Solidaritätsdruck, und dieser Zwang ist gerade im Kriege unglaublich hoch.

Die Frage, die sich jeder Leser nach der Lektüre des »Roten Kampffliegers« stellt: »War Richthofen Killer oder Held?«, ist schwer zu beantworten. Sie ist eine typische Frage aus dem Frieden. Im Krieg sind Wirklichkeitserfahrungen anders. Man wird sich schwer in die Situation an der Front versetzen können, außer man ist selbst an der Front. Eine Entschuldigung ist vielleicht ebenso unmotiviert wie die Vorwürfe, die man ihm zu machen glauben darf. Die zweifellos vorhandene Schnoddrigkeit in Richthofens Buch kann wohl ebensowenig mit den üblichen Maßstäben bewertet werden wie etwa die Bemerkung überlasteter Ärzte über ihre Patienten. Das Anzeichen eines nicht adäquaten Ausdrucks spricht noch nicht schuldig, das Indiz könnte auch für das Gegenteil sprechen. Das »Quietschvergnügte« ist vermutlich zum Teil aufrichtig, zum Teil Kompensation. Die Jagdflieger waren »Weidmänner« und »Schießer« zugleich und hatten – außer der Anstrengung, an ihre Überlegenheit zu glauben – zuletzt den Sinn für solche Unterscheidungen verloren. Sie waren täglich schon halb tot und also nur noch halb am Leben.

»Man war damals noch ziemlich harmlos.« (27)

»Man verroht mit Windeseile.« (Ausg. 1933, 37)

»Nebenbei bemerkt, hingen drei Tage darauf mehrere von den Gastgebern am Laternenpfahl, da sie es sich nicht hatten verkneifen können, sich an dem Krieg zu beteiligen.« (36)

»Kürzlich waren beide Brüder Richthofen hier ... Der Ältere hat ein Gesicht wie ein junges Mädchen. Er erzählt mir, ›wie man das macht‹! – Es sei sehr einfach, man müsse nur ganz nahe an den feindlichen Flieger heran, von rückwärts und dann fest schießen – dann fiele der andere herunter. Nur müsse der Mensch den ›eigenen Schweinehund‹ besiegen und sich nicht davor scheuen, ganz nahe an den Gegner heranzufliegen. Moderne Helden« (Tagebuch des österreichischen Außenministers Graf Czernin in Brest-Litowsk, Anfang Januar 1917)

Autoritäten

Das »Man« des Freiherrn von Richthofen ist der Explikation wert. Wilhelms II. Abschiedsworte beim Auslaufen der Ostasienexpedition am 27. 7. 1900 – »Wie vor tausend Jahren die Hunnen unter ihrem König Etzel sich einen Namen gemacht..., so möge der Name Deutscher in China auf tausend Jahre ... bestätigt werden« – waren humorlos, dumm und anmaßend; in Richthofens gelegentlich schweinekalter Gemütlichkeit ist noch ein Aufschwung zum Humor erkennbar. Es ist die schiefe, im Grund vielleicht betroffene Artikulation eines Selbst, das einen Repetiermechanismus in sich fühlt, den es nicht in seiner Gewalt hat. Es stellt sich gerade dort, wo es sich am liebsten zurückgezogen hätte, und dies ist die andere Seite der Jagdpassion.

Von einem sogenannten furchtlosen Menschen wird später immer berichtet, wie mutig er schon als Kind war. Von Überwindung ist selten die Rede. Wird aber jemand so etwas wie ein »Held«, dann unterscheidet er sich von einem Draufgänger gerade durch die Kultur seiner Überwindung. Eine solche Ausbildung wird in der Regel nicht gefördert, sie ist individualistisch und geht im stillen vonstatten. Erste

»Alle halsbrecherischen Stücke imponierten mir mächtig. So kroch ich z. B. ... auf den bekannten Kirchturm von Wahlstatt am Blitzableiter herauf ... Genau weiß ich noch, wie schwierig es war, an den Dachrinnen vorbeizukommen.« (10)

»Schon als kleiner Junge schlug er Purzelbäume, ohne die Hände zu gebrauchen. Er legte sie dabei wie ein Soldat stramm an die Hosennaht« (Ausg. 1933, 17)

Holck »gab ... mir im kritischen Moment einen Halt. Wenn ich mich umsah und in sein entschlossenes Gesicht blickte, hatte ich wieder nochmal so viel Mut wie vorher.« (49)

Leistungen, noch Karikaturen, werden von der Umgebung erstaunt aufgenommen und in Erinnerung behalten.

Wie ein Hund, der an die Kette gelegt wird, darum nicht ängstlich, sondern eher scharf ist, so erscheint auch Richthofen »verankert«. Bei der Leistung, die dieser Rückhalt ermöglicht, darf unentschieden bleiben, ob die Bindung seinen Mut freisetzt oder ob ihr Vorhandensein überhaupt Indiz seiner Ängstlichkeit ist, die ständig überwunden werden muß, um den Geltungsdrang zu befriedigen. Der Ort seines »Man« ist das Elternhaus, der Adelsstand, der Beruf (Kavallerist, später Flieger, also Soldat). Neben dem Vater sind die Ausbilder Graf Holck, Zeumer, Boelcke Bezugspersonen, keineswegs technische, sondern menschliche Autoritäten. Zu diesen Personen hat Richthofen kein Konkurrenz- oder Rivalitätsverhältnis, sondern er unterwirft sich als Zögling. Er will die Vorbilder erreichen, nicht aber übertrumpfen. Nicht nur in diesem Punkt hat Richthofen Ähnlichkeit mit Immelmann. Paradoxerweise machen solche »Verankerungen« eine Person »flott«, geben ihr Spielraum in einem fest umrissenen Verhaltensterrain, wo sonst nur unbekannte Weite gewesen wäre. Von Napoleon wird berichtet, daß er sich nach jeder Schlacht vorgestellt haben soll, was sein Quartier Faubourg St.

»Mein Bruder steigt zuerst aus seiner Kiste, begrüßt den alten Herrn: ›Guten Tag, Papa, ich habe eben einen Engländer abgeschossen.‹ Darauf steige ich aus meiner Maschine: ›Guten Tag, Papa, ich habe eben einen Engländer abgeschossen.‹ Der alte Herr war glücklich, es machte ihm viel Spaß, das sah man ihm an. Er ist nicht einer von den Vätern, die sich um ihre Söhne bangen...« (148)

Der Anblick eines deutschen Gefallenen ist aber dem Vater »etwas Neues« und stimmte ihn offenbar sehr ernst... »Gegen Mittag flogen wir wieder. Diesmal hatte ich wieder Glück und hatte meinen zweiten Engländer an dem Tage abgeschossen. Die Stimmung des alten Herrn war wieder da. Nach Tisch ein kurzes Schläfchen und man war wieder ganz auf der Höhe...« Etwas später heißt es: »Dieser war der Vierte an diesem Tage. Mein Bruder hatte zwei. Dazu hatten wir den alten Herrn scheinbar eingeladen. Die Freude war ganz ungeheuer... Ich glaube, wir waren den Engländern unsympathisch.« (149–154)

Germain dazu sagen würde, und ebenso dachte Immelmann nach jedem Luftsieg an die Freude seines Vorgesetzten, Hauptmann Kastner, für ihn Deutschland in Person. Ähnlich verhält sich Richthofen zu den genannten Vorbildern. (Eine Ausnahme ist ein Vorgesetzter, Major Carganico, diesen Mann ließ er unerwähnt.) Apportierender Gehorsam ist also Richthofens Jagdglück – der auf Menschen übertragene Terminus »Jagd« ist wörtlich zu nehmen –, es muß nur jemand da sein, der die Beute in Empfang nimmt und würdigt, ein Würdiger. Richthofen benimmt sich dabei im Grunde wie ein Kater, der seiner Familie eine Maus vor die Füße legt. Als der »alte Herr« zu Besuch an der Front eintrifft, schießt Manfred vier Flugzeuge, Lothar zwei Flugzeuge ab. Die Brüder sind an diesem Tage besonders »ausgelassen«.

Die Verankerung im »Man« scheint einen doppelten Grund zu haben. Wer Neigung zur Jagd hat, muß auch das Blut, das dabei fließt, rechtfertigen können. Es gehört daher zur Unmenschlichkeit der Obersten Heeresleitung, den Heldenkult gefördert zu haben. Der spätere Versuch, Richthofen und Boelcke aus dem Gefahrenbereich zu ziehen, mißlang in beiden Fällen. Nicht nur Richthofen, sondern viele andere wurden so zu Gefangenen und zuletzt zu Märtyrern ihrer Passion. Die Engländer vermieden diesen Kult, ebenso wie die individuelle Bema

»When Richthofen was not hunting he relaxed a little uneasily. The social round or gay parties were not of his world. He was not a good mixer and even on short leave, when J. G. 1 personnel could reach Brussels, Richthofen had been observed to be dining at the Hotel Metropole – alone!«
(H. J. Nowarra & K. S. Brown, Von Richthofen and the flying Circus, Letchworth 1958, 83)

»War nie ein großes Lumen ... Ich war nicht übermäßig gern Kadett ... Die natürliche Folge davon war, daß mich meine Pauker nicht übermäßig schätzten.«
(10)

»Und das dulce et decorum est pro patria mori, das ihm einst seine Lehrer im Kadettenkorps, nicht immer zu seiner Freude, in den Lateinstunden gepredigt hatten ...«
Lothar v. Richthofen, Ausg. 1933, 23)

lung der Flugzeuge verboten war. Nur dem »Anti-Richthofen-Geschwader« wurde erlaubt, sich mit rot bemalten Motorenhauben zu erkennen zu geben.

Richthofen ist zwar an Autorität gebunden, aber er ist zugleich das Gegenteil eines Wilhelminischen Untertans. Er sucht die Gesellschaft nicht, nicht einmal die bessere. Wenn er nicht fliegt, zieht er sich gern in den Wald zurück. Die Engländer z. B. können es nicht fassen, daß ein Mann von seinem Rang in einem Hotel ohne Gesellschaft ißt. Schon als Kadett verachtete er die Schule, das Korps, und etwas von der Kultur seiner Überwindung bricht durch, wenn er den Tod für das Vaterland, also gewissermaßen die abstrakt-ideologische Fernautorität, in Frage stellt. Er ist an Nahautorität gebunden, Zeichen einer noch vorhandenen Jugendlichkeit und einer intakten Familie. Die erste Unsicherheit ist zu bemerken, als er selbst Autorität wird, nämlich Leiter der Jagdstaffel 11. Der Versuch, sich selbst Halt zu sein, fiel ihm nicht leicht, zumal auch noch sein Ehrgeiz verwundet war: er bekam den Pour-le-mérite erst nach dem 16. Luftsieg (weil noch ein Ballonabschuß fehlte), Immelmann schon nach dem 8.. Richthofen hielt es mit seiner weidmännischen Ehre für unvereinbar, Fesselballone abzuschießen. Angriffe auf ein Ziel, das nicht ausreißen kann, das gab es nicht.

»Bei sehr starkem englischen Flugbetrieb ist man jedoch gezwungen, mit stärkeren Geschwadern zu arbeiten. Ich starte mit 30 bis 40 Maschinen, also ein Geschwaderflug. (Grund: das unterlegene deutsche Jagdflugzeug oder starke Geschwadertätigkeit.) Die Gliederung bei einem so großen Geschwader ist die folgende: Der Geschwaderkommandeur am weitesten voraus und *tiefsten*... Das Flugzeug des Kommandeurs muß stark auffallend angestrichen sein.« (Rittmeister Manfred Frhr. von Richthofen, Sein militärisches Vermächtnis, hrsg. von der Kriegswissenschaftlichen Abteilung der Luftwaffe, Berlin 1938, 11, 13)

»Pardon kenne ich nicht mehr.« (146)

Sein »Militärisches Vermächtnis« zeigt demnach auch einen Anspruchsüberschuß, wie man ihn sich nur an ein ideales Über-Ich gerichtet vorstellen kann. Hätte man es befolgt, so wäre jeder andere Geschwaderführer schon vor dem Flug praktisch ein toter Mann gewesen. Die Not der oft schlecht eingeübten Verbandsfliegerei wollte Richthofen durch die Tugend des Geschwaderleiters beheben, der in einem auffälligen Flugzeug, vorn und tief an der Spitze fliegend, sich am meisten exponiert, eine ritterliche Torheit und – Schönheit.

Als aber die Autoritäten, seine Vorbilder, einer nach dem andern fallen, bis er schließlich allein übrigbleibt, geht als Folge der Kriegsdeformation seine Gutartigkeit verloren. Gegen Ende seines Lebens ist eine zunehmende, schweigsame Verwirrung wahrzunehmen, der Beginn des Übergangs vom »Man« zum »Ich«. Er kämpft zuletzt kompromißlos und verbissen.

Richthofen war es unangenehm, wenn man von seinen Abschüssen sprach; er fürchtete vielleicht darin eine Unterwanderung der Disziplin. Ordnungsgewohnheiten scheinen keine Leistungen der Instinkte zu sein, sondern der Kultur. Ihre Spielregeln leiten sich gerade im Krieg von der staatlichen Autorität ab, und Vernichtungsleistungen werden von dort aus

»This war business is all damned rot, and I'm not alone in my opinion. Luckily for the Big Bugs they don't give us much time to think about things, if they did there would be a quick curtain drop and ›FINIS‹, and I believe this applies to both sides. No wonder they doll us up in shining brass and tinkling cymbals at home, make us think it is going to be some fun across the Channel, instead of bloody murder under the cloak of patriotism. Damnation and hell – when I start to think of it I start to drink, to keep my blood at boiling point – ginger myself up to go out and kill and laugh at my conquests. Great for these days of emancipation, when man is supposed to be superior to the beast.«
(Death in the Air, The war diary and photographs of a Flying Corps Pilot, London 1932, 97)

»So also sieht Richthofens Lebensbeschreibung aus. Wie soll man sie nennen? ›Zynisch‹? ›Naiv‹? ›Dürftig‹? ›Seltsam lebensvoll‹? Ja, und dann gerade deshalb, weil sie so dürftig ist. Das Buch hat eine Anziehungskraft, und diese Anziehungskraft ist ausserordentlich schwer zu benennen ... In dem Augenblick, wo ich mir Richthofens Erinnerungen als eine Fälschung denke, wird der dürftige Text ... in ein äußerst bemerkenswertes literarisches Kunstwerk verwandelt.«
(Lars Gustafson, Utopien, München 1970, 63, 64)

legitimiert. Schwächt sich der staatliche Einfluß unter den Eindrücken des Kriegs, so ist das eingefahrene Verhalten zwar vorerst noch intakt, aber schon Belastungen und Gewissenskollisionen ausgesetzt, bis mit der substantiellen Deckung aus dieser Verflochtenheit auch kulturelle Selbstverständlichkeiten aus der Gewohnheit kommen. Entweder revoltiert jetzt das persönliche Gewissen und wird schmerzhaft unterdrückt, oder es preschen richtungslose, primitive und bislang zurückgehaltene Antriebe durch.

Bei Richthofen findet man davon nichts, weder von einer Rebellion des Gewissens noch von einem Ausleben des Jagdfiebers. Er ist äußerst kontrolliert. Trotz einiger offener, individueller Züge, z. B. der Verachtung der Schule und der Vorliebe für mehr kobolzartige als sportliche Turnstücke, zeigt er noch eine spiegelglatte Seite: Anstand selbst im Prekären und Schweigsamkeit im Redefluß. Vergleicht man den »Roten Kampfflieger« mit anderen Fliegerberichten, die zumeist salopp, jedenfalls unterkontrolliert geschrieben sind, insbesondere mit dem Tagebuch eines englischen Piloten, der seine Eindrücke offen darlegt, so prallt man bei Richthofen gegen eine Wand. In seinem Buch ist – wenn man so sagen darf – selbst das Chaos gekämmt, die Fröhlichkeit ist aufdringlich, zu direkt (statt wie in Wirklichkeit ein wenig künstlich), das

Engagement ist zu direkt (statt wie in Wirklichkeit erkämpft).

Man darf nicht vergessen, der »Rote Kampfflieger« ist 1917 für die Heimat geschrieben, das
Buch ist beschwichtigende Musik im Hintergrund! Im Raum des Krieges muß es allerdings
merkwürdig geklungen haben. Daß die Brüchig-
keit des Stils, obwohl vorhanden, kaum bemerkt wird, spricht für das Können Richthofens.
Denn es gehört Kraft dazu, den Stilbruch un-
kenntlich zu machen, wenn man etwas gegen
Krieg und Menschenjagd einzuwenden hat.
Aber selbst hier war die Unterlegenheit vollkommen. Die Engländer hatten nicht nur bessere Kriegschancen, bessere Flugzeuge, sondern
auch ihre Artikulationen waren menschlicher.
Sie scheuten sich nicht, ihre Verzweiflung zu
zeigen.

Die Franzosen dagegen werden im Buch kaum
erwähnt, da Richthofen nur die Engländer als
vollwertige Gegner anerkennt. Der tiefere
Grund liegt wohl darin, daß ihm die »feigen«,
»hinterhältigen« und »laurigen« Franzosen die
schlimmste Niederlage seiner Offizierskarriere
(Patrouillenritt nach Loen) beibrachten, als er in
einen Hinterhalt mehr hineinstolperte als hin-
einritt. Man könnte auch sagen, daß er seine
Leute bona fide mitten in die Feinde führte. Dies
hat er den Franzosen übelgenommen, und das

Bericht der Jasta 6 vom 24. 7. 1917:

»Feind scheint bereits die Regelmäßigkeit unseres abendlichen, geschlossenen Auftretens erkannt zu haben und paßt sich unseren Flugzeiten ... an...
Jagdgeschwader trachten vor unserem Erscheinen hoch zu sein und sind mit ihren höchsten Gruppen stets über uns.
Kampftätigkeit meist ergebnislos, da bei einem Angriff alles dem Kampfplatz zufliegt und Freund und Feind sich so verwickelt, daß meist nur kurze ergebnislose Kämpfe möglich sind.
Feind scheint bereits unsere zahlenmäßige Stärke erkannt zu haben, denn er paßt sich im Kräfteverhältnis vollständig an, ist also auch in der Lage, für entscheidenden Fall Übermacht bereit zu halten.«
(K. Bodenschatz, Jagd in Flanderns Himmel, München 1935, 16)

Erlebnis hat ihn so beeindruckt, daß er die Franzosen, obwohl er täglich mit ihnen kämpfte, für den Rest des Krieges nicht mehr erwähnte. Aber als Jagdflieger benutzte er selbst die Überraschung und das Zustoßen aus dem Hinterhalt.

Bei aller Offenheit seiner Launen ist Richthofen doch lakonisch und erfüllt damit die Standardnorm: je lakonischer ein Held, desto größer sein Kult. Er ist clandestin, aber eher heimlich als geheim. Daß er von verschiedenen Seiten und wiederholt mit einem jungen Mädchen verglichen wird, muß nicht nur an seinem Äußeren gelegen haben, sondern an der merkwürdigen Tatsache, daß phantasielose Menschen anziehen.

Wenn man ihn im März 1918, einen Monat vor seinem Tod, vor General v. Hoeppner stehen sieht, mit seltsam verkrampften Händedruck, die Reiterbeine im Innenschwung, nur eine Andeutung der Bereitschaft, nach vorn zu stürzen, die bis in die Zehenspitzen geht, keineswegs devot, sondern aufmerksam und sehr gerade, stiernackig wie Zieten, die schon konturenverlierende, sinkende Frontmütze auf dem rundgedrechselten Kopf, empfindet man lebhaft: der Mann ist beredt, aber er sagt nichts.

Diese Eigenschaft liegt in seiner Person, aber auch in seinem Status als Offizier, und im Casino verschluckte man nicht nur die be-

Seine Mutter am 21. 5. 1915:
»Ich wurde nicht müde, Manfreds Erzählen zuzuhören; ich tat der vielen Siege Erwähnung und daß es doch endlich zu Ende gehen müsse. Da sagte Manfred: ›Ich glaube nicht, daß wir diesen Krieg gewinnen werden.‹

... Ich glaubte nicht recht gehört zu haben. Und Manfred sagte noch einmal:
›Du ahnst ja nicht, wie stark unsere Gegner sind ... Es wird bestenfalls eine Partie remis werden.‹«
Kunigunde v. R., Mein Kriegstagebuch, Berlin 1937, 56)

stimmten Artikel, sondern auch das Individuelle, zeigte Stil, nicht immer Stilbewußtsein, aber doch Haltung. Haltung ist das erste, das bei den meisten verschwindet, das letzte, das bei wenigen imponierend sichtbar wird, wenn das Chaos ausbricht.

Vielleicht war das Geheimnis Richthofens Resignation. Mit 26 Jahren vermag man dieser Eigenschaft keinen rechten Ausdruck zu geben, auch wenn sie da ist. Für den erfolgreichsten Jagdflieger beider Seiten zeigt er – allerdings nur im Elternhaus – ein ziemliches Maß an Defaitismus.

Abgeschossener Engländer

Anfang 1918
»Ich fand Manfred überhaupt sehr verändert. Obgleich er, mit dem Urlaub im Herbst verglichen, wohler und frischer aussah, so fehlte doch seinem Wesen das Fröhliche – das Sorglose, – das Übermütige. Er war einsilbig, abgekehrt, fast unzugänglich; jedes seiner Worte schien aus einer unbekannten Ferne zu kommen... Manfred sollte zur Zahnbehandlung gehen, irgendeine kleine, ganz alltägliche Behandlung vornehmen lassen. Da sagte er halblaut vor sich hin – aber ich hörte es doch: ›Eigentlich hat es ja keinen Zweck mehr.‹«
(Kunigunde v. R., a. a. O. 150f.)

Nutzlose Jagd

Zwar waren die Engländer stark und technisch überlegen und förderten die deutsche Bereitschaft, die Partie mit ungleichen Kräften fortzusetzen, aber Richthofen hatte mittlerweile die Nutzlosigkeit der Jagdfliegerei überhaupt eingesehen. Der Krieg hatte sich geändert, diejenigen, die ihn organisierten, noch nicht, oder sie konnten es nicht mehr. Die Jagdfliegerei blieb ohne Konzeption den wechselnden, oft hektischen Bedürfnissen der Front überlassen. Seit 1916, dem Jahr, das den Deutschen vorübergehend die Luftüberlegenheit brachte, wurde auch am Himmel das Erschöpfungsprinzip dominant, die Entente wurde zunächst technisch, dann quantitativ überlegen. Was sollte auch diese Laune der Geschichte, wenn man sich am Boden mit Gas vergiftete und in der Luft ritterlich kämpfte? Was sollten die Turniere der Offiziere in einem Krieg, in dem Materialeinsätze und Verschleiß entschieden, nicht aber die Siege von Doppeldeckerchen, die, wenn sie hinfielen und mitsamt dem Piloten abfackelten, nicht mehr gekostet hatten, als vielleicht eine Sekunde Trommelfeuer in Galizien oder an der Marne? Die Jagdfliegerei hatte zuletzt nur noch moralischen Wert für die Front und propagandistischen

Für den Typ D-VII bekam Fokker 25 000 Mark; ein
Sopwith Camel I kostete etwa 1800 Pfund.

»Abgesehen vom Kampf selber, bestand bei einer
Aktion, an der sich zwanzig bis dreißig Jagdflugzeuge
beteiligten, immer die schwere Gefahr eines Zusam-
menstoßes. Die einzelnen Maschinen, die nichts
anderes im Auge hatten als ihr besonderes Kampfziel,
sausten oft um Fußbreite aneinander vorbei. Ein
derartiger Kampf verlangte also eiserne Nerven, blitz-
artiges Reagieren, schnellste Entschlüsse, einen kühlen Kopf und Augen wie die einer Schmeißfliege, denn
alles geschah bei hoher Geschwindigkeit und war
dreidimensional.«
(Cecil Lewis, Schütze im Aufstieg/Sagittarius Rising,
Berlin 1937, 167)

Wert für die Heimat. Der Übermacht des Gegners versuchte man erst durch Staffel-, dann durch Geschwaderfliegen zu begegnen. Als die Flugzeuge nicht ausreichten, zog Richthofen mit einem zusammengefaßten und schnell dahinschmelzenden Großgeschwader an den Brennpunkten der Front herum.

Und wenn es zum Kampf kam, halfen bei einer so großen Masse von Flugzeugen alle guten Vorsätze nichts, man flog disziplinlos durcheinander und rammte sich gegenseitig. Boelcke starb auf diese Weise. Es gehört zu den Dummheiten des Ersten Weltkriegs, daß sich Tag für Tag die Feinde zu einem anachronistischen Turnier trafen, einander zwischen 5000 und 1000 Metern so lange beschossen, bis eine Seite die Flucht ergriff. Die Jagd hätte ignoriert werden müssen. Aber eine wirksame Alternative fehlte auch. Anstelle der Schwärme, die sich täglich wie nach dem Glockenschlag ein Stelldichein gaben, hätte man vielleicht die Geschwader auflösen und zur Unterstützung der Heeresfliegerei zersplittern und einzelne Jäger als Tief- und Partisanenflieger ausschicken sollen. So entstand durch die feindliche Übermacht eine unnötige Variante des Stellungskrieges in der Luft.

Unter solchen Voraussetzungen erledigt sich manches in der Geschichte wie von selbst.

Sterben gehörte hier offenbar nicht nur zu dem, was der Stand forderte, sondern auch zu dem, was die Umstände erzwangen. Spätestens seit seinem Kopfstreifschuß hat Richthofen die ihm zugedachte Gladiatorenrolle undeutlich erfaßt, denn er erlebte, wie die Kavallerie zum zweiten Male aufgerieben wurde, zu Beginn des Krieges auf der Erde, am Ende in der Luft. Und es war zum großen Teil die Elite der Kavallerie, der Adel, der in seinen Luftrössern brennend verschwand.

Etwas anderes ist die Verinnerlichung dieser verzweifelten Lage, die Not, ihr keinen äußeren Ausdruck geben zu können, der Fatalismus des Hinnehmens, und übrigens auch die größere oder geringere Fähigkeit der Beteiligten, die Zusammenhänge zu durchschauen. Bezeichnenderweise ist das Unbehagen an der Jagd eher bei den Engländern festzustellen, deren Moral noch brüchiger war, denn die Deutschen hatten eigentlich keine Zeit, sich Gedanken zu machen, und sind für Exzesse auch nicht begabt genug.

»Most Germans were correct and unemotional in their conduct. The higher a position gained, the greater would be the self-discipline exercised. Laughter and a sense of fun were not absent, but they were not openly expressed. There was too a feeling that to show emotion, including amusement on occasions, was not consistent with dignity.«
(H. J. Nowarra & K. S. Brown, a. a. O. 83)

»Das Royal Flying Corps ist in dieser Beziehung sehr vornehm.«
(Ausg. 1933, 132)

»Im Verlauf der Monate schien es nur mehr eine Frage der Zeit, wann man selbst an die Reihe kam. Wenn man sich zum Abendbrot niedersetzte, grinsten einen die leeren Plätze von Männern an, mit denen man beim Mittagessen noch gelacht und gespaßt hatte. Sie waren weg. Am nächsten Tag lachten und spaßten neue Männer an diesen Plätzen... Kein Wunder, wenn die Piloten in dieser nervösen Hochspannung ein wüstes Leben führten und es mit Wein und Weibern trieben bis zum Exzeß. Stanhope ... verleiht dem vollendeten Ausdruck: ›Um zu vergessen, du Rotzjunge, zu vergessen. Begreifst du denn nicht, daß es eine Grenze gibt für das, was ein Mensch ertragen kann?‹«
(Cecil Lewis, a. a. O. 65, 66)

Pech und Schwefel

Menschlich hielten die Feinde, das Jagdgeschwader wie das »Royal Flying Corps«, zusammen. Sie waren sich in solcher Hochachtung
verbunden, daß es schon geradezu absurd erschien, daß sie sich überhaupt noch angriffen.
Auskünfte über Gefallene oder Vermißte wurden sofort gegeben. Die Jagdflieger benahmen
sich ähnlich wie Angehörige Schlagender Verbindungen inmitten des großen anonymen
Kriegs. Zu der Reaktion auf ihre Sonderstellung
gehörte auch die Bemühung, sich durch gegen-
seitigen Abschuß Dignität zu geben. Sie kannten einander besser als die Jagdfeinde des Zweiten Weltkriegs, und wenn man die unbefangene
Art verfolgt, wie auf beiden Seiten die Abschüsse gezählt wurden, so sieht man den im Grunde
ängstlichen Zusammenhalt und wie sie aufeinander angewiesen waren. Sie schossen sich ab,
weil sie sich brauchten, und sie brauchten sich,
um sich abzuschießen.
Als Richthofen fiel, war er eigentlich ein Spiel-
verderber.
Die großartige Beerdigung, die man ihm gab,
zeigte, wie schon bei Immelmanns Aufbahrung
an der Front, bei der ein englisches Jagdflugzeug

»Mit welcher Andacht und mit welchem fressenden Neid stehen sie (die Deutschen) bisweilen vor einer erbeuteten feindlichen Maschine mit den Nickelteilen, Kupferteilen, Gummiteilen, mit der kostbarsten Einrichtung, mit allen Finessen, die nur eine Industrie liefern kann, der unbegrenztes Material zur Verfügung steht.«
(Bodenschatz, a. a. O. 131)

»Man hat mir nahegelegt, daß dieses Wort einen üblen Beiklang habe und daß ich es nicht benutzen solle. Aber wir redeten von unseren Kameraden auf der anderen Seite immer als von den ›Hunnen‹, gerade so wie die Infanterie sie unter dem Namen ›Fritz‹ oder ›Jerry‹ kannte, und nichts Herabwürdigendes war oder ist beabsichtigt. Wenn sie unsere Piloten oder Beobachter kaperten, so behandelten sie sie höflich und ritterlich, und so taten wir, denke ich auch. Ich erinnere mich nicht – mit einer Ausnahme gelegentlich eines Fluges über London im Jahre 1917 – jemals Gefühle von Feindseligkeit gegen die Deutschen gehegt zu haben. Sie waren einfach ›der Feind‹; ihre Maschinen trugen schwarze Kreuze, und es war unsere Aufgabe, sie herunterzuholen.«
(Cecil Lewis, a. a. O. 30)

im Tiefflug einen Kranz abwarf, ehrliches Bedauern. Jetzt waren sie nur noch überlegen. Richthofen hielt nämlich mit seiner roten Staffel den Schein aufrecht, daß die Deutschen den Engländern gewachsen seien, und wir stoßen auf die selten berücksichtigte Tatsache, daß der Sieger auf den Unterlegenen angewiesen ist, ja sogar sich selbst zum Feind wird, wenn er allein übrigbleibt.

Wenn im Frühjahr 1918, aber auch schon vorher, 10 deutsche Flugzeuge aufstiegen, begegneten ihnen an der Front mindestens 30 alliierte mit wohlgenährten, ausgeruhten Piloten, die in leistungsfähigeren Maschinen kämpften. Ihr ausgesprochener Sinn für Fairneß hat den Engländern die Jagdlust verdorben. Die Verehrung Richthofens, die Aufzeichnung der Vorfälle und die deutschfreundliche Tradierung sämtlicher Einzelheiten (die meiste Literatur über Richthofen und die Jagdfliegerei ist in englischer Sprache geschrieben) ist wohl auch ein Versuch von Veteranen, dies Überlegenheitsverhältnis quitt zu werden. Der gelegentlich geäußerte Wunsch, den »Hunnen« im Luftkampf überleben zu lassen, lag ihnen am Herzen. Es war allerdings technisch schwer möglich.

Die Hochachtung verstärkte sich, wenn es sich um einen prominenten »Hunnen« handelte. Überhaupt ist zu bemerken, daß in Offiziers-

»Der Engländer ist ein schneidiger Bursche, das muß man ihm lassen.« (94)

Richthofen zu seiner Mutter:

»›Das Schlimmste, was mir passieren könnte, wäre, wenn ich drüben landen müßte.‹
... ›Ich glaube bestimmt, die Engländer würden sich sehr anständig gegen dich benehmen.‹
Es dauerte lange, bis er antwortete... Dann kam es langsam – als wollte er nicht weiterreden – von seinen Lippen: ›Ich glaube es auch.‹«
(Kunigunde v. Richthofen, a. a. O. 149)

»Die Jagdflieger haben sich in dem ihnen zugewiesenen Gebiet herumzutreiben, wie es ihnen paßt, und wenn sie einen Gegner sehen, dann greifen sie ihn an und schießen ihn ab. Alles andere ist Unsinn.«
(Ausg. 1933, 197)

»Wir dürfen sehr stolz sein in dem Bewußtsein, daß unsere Söhne das Beste für ihr Vaterland hergaben. Aber meiner Meinung nach ist der Krieg eine nutzlose Angelegenheit...«
(Der Vater von Capt. A. Ball an die Baronin Kunigunde v. Richthofen)

kreisen Feindschaft so gut wie nicht vorhanden war. Trug einer auch noch hohe Auszeichnungen, so galt das Ineins von Aggression und Aggressionsobjekt, also von Feind und Feindseligkeit in einer Person, nicht mehr. Die mit dem Pour-le-mérite Dekorierten wurden dann ebenso zu Idolen der Tapferkeit wie die M.C.-, D.S.O.- oder Victoria-Cross-Träger: d. h. zu abstrakt-ideologischen Freunden bei gleichzeitig bestehender konkreter und erbitterter Feindschaft. Wenn sie fielen, fiel die Anstrengung, sie zu erreichen, mit.

Wer von den Jagdfliegern lebend hinter die feindlichen Linien geriet, konnte damit rechnen, von den Soldaten zwar verprügelt, von den Offizieren aber herausgehauen und mit Champagner bewirtet zu werden.

Der Luftkrieg war nicht nur ein eigener Krieg, oft desperadohaft losgelöst vom Bodenkrieg, er war vor allem ein Krieg der Offiziere. (Ihre Mannschaften blieben sicher auf der Erde, und sie haben auch auf der deutschen Seite gegen Kriegsende nicht revoltiert, weil für die Luftwaffe der zweifelhafte und schon damals umstrittene Vorwurf nicht zutraf, die Soldaten seien stets an der Front und die Offiziere stets in der Etappe.)

Die dennoch im Vergleich mit dem Leben der Frontsoldaten oft luxuriöse Sonderstellung der

»Wer damals dem königlichen Fliegerkorps angehörte, nahm dank ... dem Zauber überhaupt, der die ›Vogelmenschen‹ umgab, in der in Khaki gekleideten Welt eine Sonderstellung ein... Wir Flieger wurden für besonders tapfer ... gehalten. In gewisser Hinsicht war das durchaus richtig... Aber wenn ich rückschauend gerade diesen Punkt überdenke, so muß ich sagen, daß wir andererseits doch auch viele Vorteile genossen.

Selbst in den schlimmsten Zeiten waren wir nie länger als sechs Stunden täglich unter Feuer. Kehrten wir auf den Flugplatz zurück, so war für uns der Krieg zu Ende. Wir hatten ein Bett, ein Bad, eine Messe mit guter Verpflegung und Ruhe bis zum nächsten Tag... Wenn unsere Nerven auch dauernd in Spannung waren, hatten wir doch nie unter körperlicher Erschöpfung zu leiden, waren nie verdreckt oder verlaust... Die Infanterie bewunderte unsere Nervenkraft, während wir ihre stoische Ruhe bewunderten. Ich persönlich wäre im Trommelfeuer wahnsinnig geworden. In Gefahr hat mich mein Instinkt immer dazu getrieben, etwas zu tun: anzugreifen oder auszureißen. Aber still dasitzen und warten, bis man in Stücke gerissen wird, verlangt Eigenschaften, die ich nicht besitze...

Als ich in die Stadt zurückkehrte, stürzte ich mich als echter Flieger und treu der Tradition des königlichen Fliegerkorps in einen tollen Taumel sinnloser ›Vergnügungen‹, denen das Bewußtsein, daß sie vielleicht die letzten waren ... einen Zauber verlieh...«

(Cecil Lewis, a. a. O. 137)

Flieger, ihre ökologische Nische im Krieg und das uneingestandene Gefühl, am Krieg wenig entscheidend beteiligt zu sein, kommen noch hinzu, um Nachdenklichkeit zu fördern, die vor allem auf englischer Seite zu beobachten ist. Wenn sich im Krieg die Skepsis am Krieg verbreitet, hält man sich zunehmend weniger ans »Vaterland«, sondern eher an einen Gegner, dem man schon durch Schicksalstausch verbunden ist und von dem man ahnt, daß er inzwischen ebenso denkt, das Töten, die Zerstörung kultureller und materieller Werte für sinnlos hält.

Die Zumutung, sich bei Fortfall der Feindseligkeit noch den Feind zu erhalten, ist eine paradoxe Einstellung, die auf die Dauer verstörend wirkt, weil sie der Vernunft zuwider ist. Wenn man sich in eine offiziöse und in eine private Person zerspaltet, sich aber der ersten unterordnen muß, obwohl diese im Verlauf des Krieges immer mehr verfällt, dann treibt auch dieser Widerspruch seltsame Aktionstypen hervor.

Während bei den Engländern, den mehr empirischen Naturen, Angst herrschte, denn auch dort überlebte ein Jagdflieger kaum drei Wochen an der Front, und man von seiten der Vorgesetzten alles tat, um die Moral aufrechtzuerhalten, entsteht auf der deutschen Seite bei zunehmender Aussichtslosigkeit die Leidenschaft des Absurden. In der Agonie des Offiziersstandes

»Wir drei gingen zusammen in die Stadt: v. Teubern (Beobachter), Boelcke (Führer) und ich. Bald stellte sich heraus, daß wir drei sehr gut zusammenpaßten. Wir drei rauchen nicht, trinken so gut wie nie Alkohol, essen aber gern Kuchen.«
(F. Immelmann, Der Adler von Lille, Leipzig 1934, 88)

»(Manfred) aß sehr ungern Fleisch, bevorzugte statt dessen Brot und Kuchen...«
Bursche Menzke über M. v. R.: »Er trinkt nicht, er raucht nicht.«
(Kunigunde v. R., a. a. O. 53 117)

»›Schamponieren‹, schrie der Major. ›Wer ist für Schamponieren?‹ ... Das war ein Gelage! ... In einer Blechschüssel mischte der Major Whisky und Champagner. Der Schwamm! Der kam wie gerufen... ›Schamponieren! ... Garantiert dauerhafte Dauerwellen! Schamponieren gefällig, mein Herr?‹ Platsch! Er klatschte dem nächsten Opfer den Schwamm auf den Kopf. Der hob den tröpfelnden Kopf und leckte eifrig die Flüssigkeit ab, die ihm über das Gesicht rieselte. Die Masse brüllte Beifall.«
(Cecil Lewis, a. a. O. 91)

wurde gewissermaßen auch der Existentialis-
mus mitgeboren. Er zeigt sich paradigmatisch in
der stummen, verbissenen Einstellung Richthofens, spätestens seit seiner Kopfverwundung.
Die Sache noch zu wagen, nachdem man sie
aufgegeben hat, ist das Fieber, das Sinnlose und
Beschleunigende der Angelegenheit.

Es mag zufällig sein, es mutet aber ebenso
bezeichnend wie unbehaglich an, daß Immelmann, Boelcke und Richthofen Nikotin, Alkohol, sogar Fleisch verschmähen, statt dessen
gern kämpfen, während die sympathischeren
Engländer im Grunde dasselbe tun, nur verfallen
sie dem harmlosen Gegenteil der Askese und
schamponieren sich in ihrer Verzweiflung die
Haare mit Sekt und Whisky.

»*Unter diesen Umständen konnt' ich jedoch bald bemerken, daß etwas Ungewöhnliches in mir vorgehe; ich achtete genau darauf, und doch würde sich die Empfindung nur gleichnisweise mitteilen lassen. Es schien, als wäre man an einem sehr heißen Orte, und zugleich von derselben Hitze völlig durchdrungen, so daß man sich mit demselben Element, in welchem man sich befindet, vollkommen gleich fühlt. Die Augen verlieren nichts an ihrer Stärke, noch Deutlichkeit: aber es ist doch, als wenn die Welt einen gewissen braunrötlichen Ton hätte...*«
(Goethe im *Kanonenfieber vor Valmy*, Kampagne in Frankreich, 19. September 1792)

Resignation

Was mag Richthofen gedacht haben, wenn er nach dem Einsatz auf seinem Bett lag und nicht gestört sein wollte, jedoch nicht schlief? Rekonstruierte er Situationen, sortierte er Bildfetzen aus den Luftkämpfen? Er handelte richtig, als er in seinem »Militärischen Vermächtnis« diese Ruhe anordnete, Mittagsruhe »von 1 bis 2«, für Jagdflieger dringend nötig, um das Gleichgewicht zwischen dem sensomotorischen und dem vegetativen Nervensystem wiederherzustellen, den Streß zu balanzieren.

Wenn Bilder halbwegs klar sind, so darum, weil ich die Welt auf das Maß meiner Armut herunterhole. Wenn ich große Schmerzen habe (Krankheit, Liebeskummer), einen Schock erlebe, in Gefahr bin, zittert die Wirklichkeit wie ihr Bild im Wasser, treibt auseinander, die gewohnten Muster und Hierarchien fallen um. Die Selektion verändert sich, aber auch bislang gültige Maßstäbe. Es ist nachzulesen, daß Richthofen in diesen Meditationen auf verzweifelte Gedanken kam.

Eben im Urlaub, am 15.9.1917, hört er, daß Leutnant Kurt Wolff gefallen ist. Der Freund, ein dünnes Männchen, fast in Damenpumps ste-

Jagdstaffel 10:
»Der Oberleutnant Freiherr von Althaus, der den Orden Pour le mérite trägt, Kavallerist (in der Jagdfliegerei wimmelt es von Reitern), an diesem Abend etwas schweigsam. Seine Staffel hat böse Tage hinter sich...«
(Bodenschatz, a. a. O. 17)

»›Gott strafe England und unsere Flieger!‹ war an Unterständen und Befehlsstellen angeschlagen, ein Zeichen völliger Verkennung der wirklichen Lage und ... der tapferen, aber absolut unterlegenen Luftwaffe.«
(Hilmer Frhr. v. Bülow, Geschichte der Luftwaffe, ²Berlin 1937, 76)

«Nichts geschieht ohne Gottes Fügung. Das ist ein Trost, den man sich in diesem Kriege so oft sagen muß.« (98)

hend, mit dem Vatermörder gereckt, geeignet, im »Simplizissimus« am Pranger zu stehen, dabei selbst dauernd zu Witzen aufgelegt, war gefallen, hatte aber vorher schon 34 Engländer abgeschossen. Wann kam die Reihe an ihn?

Trotzdem: Auf verlorenem Posten zu stehen, ergibt sich aus dem Führungsanspruch des Adels. Fühlte er sich als Opfer dieses Standes? Oder wußte er, daß er ihn mitopferte? Es war wie ein beschleunigtes Aussterben. Der Luxus des Verbrauchens wird am Ende so unentbehrlich, daß er auch die Verbrauchenden miteinbezieht. Die Herrschenden lernen nicht.

Der mißlingende Luftkrieg war allerdings keine Folge einer Identitätskrise, höchstens Ursache dazu, er war das Ergebnis der immobilen Heeresorganisation. Sie entsprang den Vorurteilen der »Alten«, die der modernen Technik, vor allem der Fliegerei skeptisch gegenüberstanden. Bei Richthofen, der still ist, sieht man keine Einsicht, eher Resignation. Es findet sich aber auch keine Spur der Nobilitierung dieses Lebensgefühls, die Don Quixote oder anderen Rittern von der lächerlich gewordenen Gestalt eigentümlich ist. Auch Sentimentalität, u. a. die Eigenschaft der wirklich Grausamen, fehlt ihm völlig. Nur seinen Angehörigen deutet er an, daß er von seiner »Tätigkeit« eine schlechte Meinung hat. Bezeichnend ist sein Neid auf die Infanterieflie-

Mitte September 1917:
»Unentwegt schmettern vormittags die Ständchen vor dem Hause. Nach Tisch hatte sich Manfred kaum hingelegt – der Kopf schmerzte ihn heute besonders stark –, da erschien wieder ein Verein; mein Mann mußte hinaufgehen und Manfred wecken. Wenige Minuten später erschien er... Er konnte seine üble Laune schlecht verbergen.« (Kunigunde v. R., a. a. O. 129)

»Ihr Sohn steht Mir noch vor Augen in seiner Bescheidenheit und mit seinen schlichten Schilderungen, als Ich im Mai vorigen Jahres die Freude hatte, ihn begrüßen zu können. Ich konnte es Mir nicht versagen, ihn vom Flugplatz in die Lüfte entschweben zu sehen...
(Kaiserin Auguste Victoria, Ausg. 1933, 240)

»So war ich ganz froh, wie ich die ›Große Bude‹ wieder hinter mir hatte und mittags bei seiner Majestät zum Frühstück befohlen war.«
(60)

ger und aufschlußreich die Bemerkung »Ich habe sehr gern Bomben geworfen« (84). Hier sah er die Wirksamkeit, die ihm bei der Jagd fehlte und die man im Krieg wohl sehen muß, sonst gibt man ihn besser gleich auf.

Sein Ärger über den Heldenrummel ist ernst zu nehmen. Er bekam einen Orden nach dem anderen, manche zwei Mal, und empfing an der Front Körbe von Post. Immelmann konnte sich noch uneingeschränkt über die Ehrungen freuen, Richthofen müssen sie schon wie Hohn oder wie die Peitsche vorgekommen sein. Viele Anzeichen deuten darauf hin, daß er von den Umständen, in die er hineingeboren war, genötigt wurde. Geködert hat man ihn mit seiner Neigung zur Jagd. Ein Beispiel ist schon der Parforceritt auf dem Damm (15), auf dem galoppiert werden mußte, obwohl an seinem Ende ein Fluß war. Kopfüber und hinein, das war der Außenhalt seines Innern, an den er sich hielt, der ihn hielt, bis er ihm verdächtig, am Ende nichtsnutzig vorkam. Deshalb waren ihm die Besuche im Oberkommando und bei der Kaiserin unbehaglich.

Zuletzt wollte er ausreißen, gab vorübergehend der Verlockung der Obersten Leitung nach, die Richthofen aus dem Gefahrenbereich ziehen wollte und ihm – wie schon Boelcke – eine Inspektion des türkischen Kriegsschauplatzes

»Von höchster Stelle hat man mir sagen lassen, ich solle es jetzt aufgeben, selber zu fliegen, denn einmal würde es mich doch erwischen. Ich würde mir aber sehr elend vorkommen, wenn ich jetzt, behaftet mit Ruhm und Orden, als Pensionär meiner Würde dahinleben würde, um mein kostbares Leben der Nation zu erhalten, während jeder arme Kerl im Schützengraben, der seine Pflicht genau so tut wie ich, ausharrt.«

»In meinem Unterstand hängt an der Decke eine Lampe, die ich mir aus einem Flugzeugmotor habe basteln lassen. Er stammt aus einem Flugzeug, das ich abgeschossen habe. In die Zylinder hinein habe ich Lampen montiert, und wenn ich nachts wach liege und das Licht brennen lasse, so sieht dieser Kronleuchter an der Decke weiß Gott phantastisch und unheimlich genug aus. Ich habe, wenn ich so liege, an vieles zu denken. Ich schreibe es nieder, ohne daß ich weiß, ob jemand außer meinen nächsten Angehörigen diese Niederschrift jemals zu sehen bekommt. Ich gehe mit dem Gedanken um, dem ›Roten Kampfflieger‹ eine Fortsetzung zu geben, und zwar aus einem ganz bestimmten Grunde. Jetzt ist der Kampf, der sich an allen Fronten abspielt, ganz verteufelt ernst geworden, es ist nichts mehr übriggeblieben von diesem ›frischen, fröhlichen Krieg‹, wie man unsere Tätigkeit anfangs genannt hat. Jetzt müssen wir uns überall auf das verzweifeltste wehren... Mir ist nach jedem Luftkampf erbärmlich zumute. Das kommt wohl von den Nachwirkungen meines Kopfschusses. Wenn ich meinen Fuß auf dem Flugplatz wieder auf den Boden gesetzt habe, dann mache ich, daß ich in meine vier Wände komme, will niemand sehen und von nichts hören...« (Ausg. 1933, 203, 204)

verordnete. Bis Wien hielt er es aus, dann kehrte er um. Er wollte lieber in einer aussichtslosen Situation leben, als sie im Stich lassen, und er fühlte sich bei seiner Staffel wohler.

Die Rückkehr und die Nichteinhaltung des Startverbotes sollte man, ebenso wie bei Boelcke, nicht allein aus einer ethischen Verpflichtung ableiten. Sie hatten die tägliche Todesangst so energisch bewältigt, daß ihnen die Ausnahmesituation zur Norm wurde und infolgedessen die normale Situation zur Ausnahme. Sie wurden krank vor Angst, wenn die Gefahr entfiel und sie sich im Heimaturlaub untätig sahen, denn sie standen auch weiterhin unter psychischem Druck. Da es offenbar solche geborenen Helden gibt, wird man sich ihrer im Krieg immer wieder bedienen können.

Eine Gewißheit setzte sich immer mehr durch: Was man am Tage gewann, schnellte wie ein Gummiband abends wieder zurück, wenn die Engländer kamen, mit ihren Bomben-, Schlacht-, Aufklärungs- und Jagdflugzeugen den Himmel zupunkteten und die Luft droben nach verbranntem Rizinusöl zu riechen begann. Die Luftüberlegenheit war verloren. Was sollten dann noch Luftkämpfe, wenn sie nichts als Verluste einbrachten? Nur Propaganda, die er den Soldaten unten im Stellungskrieg machte,

Kurt Wolff, österreichischer Offizier, Krefft, Richthofen

ihnen ein Stück Bewegung vorgaukelte und dafür glühend – eigentlich zu Unrecht – bewundert wurde?

Er ist nach wie vor heiter, liebenswürdig, zu Späßen aufgelegt, als sei nichts. In der Resignation, als dem höchsten Ausdruck, zu dem ein Mensch kommen kann, wenn seine Sache hinfällig wird und niemand außer ihm es weiß, entsteht oft die Leidenschaft des Absurden, Wahnwitz aus der Schwäche und Aussichtslosigkeit heraus. Unter diesen Anfällen muß er und vielleicht auch sein Bruder Lothar regelmäßig gelitten haben. »Auf der Erde der bescheidenste, liebste Kamerad – in der Luft ein Berserk, sagte jemand« (Kunigunde v. R. a. a. O. 156).

Diese Haltung – cornered rat: Fatalismus, Todesergebenheit als durchgehende Lebensstimmung, einsamkeits- und ruhebedürftig, jedoch vagoton, äußerst reizbar, mit einem Male rücksichtslos losschlagend, wahnwitzig, jedoch cool im Angriff – ist symptomatisch sowohl für Richthofen wie für Capt. Albert Ball. Man weiß nicht, ob man es auf Richthofens Offiziersstand oder auf seine Todesergebenheit zurückführen darf (es bedingt sich wohl gegenseitig), daß er sich technisch mit den Flugzeugen, mit denen er kämpfte und bekämpft wurde, so gut wie nicht beschäftigt. Das Lob der englischen und französischen Flugzeuge und die Verachtung der sport-

Frühsommer 1916
»Manfred schrieb: ›Auf die Dauer glaubt eben jeder
mal dran.‹«
(Kunigunde v. R., a. a. O. 75)

lichen Fliegerei der Engländer kommen ihm aus dem Herzen. Von den eigenen Maschinen ist wenig die Rede. Nur einmal fliegt er nach Berlin, um sich darüber zu beschweren, daß den Maschinen von selbst die Flügel abbrechen. Nichts von einer Eingabe, daß man die Benzintanks brandsicher und die Führersitzrückwand kugelabweisend konstruieren solle! (Denn was in der Regel übrig blieb vom Flugzeug, war der geschmolzene Motor und der leere Tank, in dem noch die feindliche Kugel klapperte.) Die tieffliegenden Schlachtflugzeuge wie die AEG-, Albatros- und Junkers-J-I-Typen waren schon mit 5-Millimeter-Chromnickelstahlblechen gepanzert, und mit diesen beiden Verbesserungen, dem kugelsicheren Tank und einer V-förmig gewinkelten Panzerplatte im Rücken des Piloten, die der 180–200-PS-Mercedes-Motor des Albatros D-V ohne weiteres mitgeschleppt hätte, wären die Jagdflieger schon fast unverwundbar gewesen. Aber das wollte man nicht, und was man nicht will, das weiß man auch nicht, und wenn man es ahnt, dann will man nichts davon wissen, – wenn ein Aristokrat reitet oder Motorrad fährt, weist er den Kopfhelm zurück. Solche Tugenden erhöhen zwar das Exemplar, aber auch den Selektionsdruck, verleihen den Überlebenden Stärke und Einseitigkeit, macht sie aber dafür seltener, an sich ist Einseitigkeit keine Stärke, vor allem dann nicht,

»Die berühmten Dreidecker und Spads, ganz neue Maschinen, aber es kommt eben nicht auf die Kiste an, sondern auf den der drinnen sitzt.«
(152)

Brennender amerikanischer Ballon

wenn die Unfähigkeit, sich anzupassen, zum Aussterben führt.

Im übrigen ist das ein Dilemma, das auch ohne den Anachronismus eines Standes bis heute auftaucht. Die Jagdflieger hatten wenig Zeit und Gelegenheit, Flugzeuge zu verbessern. Es ist ihre Aufgabe, mit ihnen zu kämpfen, und das ist in der Regel genug.

So ist, um ein weiteres Beispiel zu nennen, auch von Fallschirmen nicht die Rede. Sie kommen erst Mitte 1917 in Gebrauch, obwohl sie seit 1900 von Käthe Paulus patentiert waren, einer mutigen Frau, die schon vor dem Kriege damit sprang. Offenbar hatten nur die Beobachter unter den Fesselballonen welche, und es war ein seltenes Glück, wenn sie damit der brennenden Hölle über sich entgehen konnten.

Immelmann, Boelcke, Reinhard, unzählige andere starben, weil sie keinen Fallschirm hatten oder nicht einmal angeschnallt waren. Die Alliierten verweigerten anfänglich den Fliegern die Fallschirme, weil man befürchtete, die Piloten würden beim Luftkampf vorzeitig aussteigen. Wem also der Vergaser brannte, ein Ruder klemmte oder das Flugzeug manövrierunfähig geschossen war, der fiel mit vollem Bewußtsein in den Tod.

Capt. Albert Ball:

»Eines Morgens ... sahen wir ihn einigermaßen torkelnd herankommen, um zu landen. Er war kein Kunstflieger, aber flog sehr vorsichtig und genau, so daß wir nicht begreifen konnten, weshalb er heute so tolpatschig zu Boden ging. Als er nach dem Schuppen rollte, sahen wir, daß sein Höhensteuer lose herunter- hing – die Steuerung war vollkommen zerschossen ... Es war kaum zu fassen, daß er nicht zu Bruch gegangen war. Sein Ölbehälter war durchsiebt, und sein Gesicht und die Nase der Maschine troffen von schwarzem Rizinusöl. Daß er so zusammengeschos- sen war, ärgerte ihn derart, daß er sich sofort in die Schuppen begab, sich mit einem Lappen das Öl von Gesicht und Schultern wischte und seinen Nieuport herausrollen ließ; und zwei Stunden später konnte er wieder einen Hunnen für sich verbuchen.
Ball war ein ruhiger, einfacher, kleiner Mann. Seine einzige Entspannung war seine Violine, und seine Lieblingsbelustigung nach dem Abendessen bestand darin, daß er vor seiner Hütte ein rotes Magnesium- licht anzündete und im Pyjama geigend drumherum spazierte.«
(Cecil Lewis, a. a. O. 171)

Existentialismus

An die neuen Gesichter in seiner Staffel kann sich Richthofen zuletzt nur schwer gewöhnen. Es tut weh, immer wieder Neulinge zu schulen, die bereits fallen, bevor er sie kennenlernt. Mit sechsundzwanzig Jahren ragt er in eine neue Zeit, und er muß das Gefühl gekannt haben, ringsum im Stich gelassen zu werden. Der Revolte der Marine und der Bildung von Soldatenräten gingen Zweifel an der Führung voraus, die die Führenden schon selbst nicht unterdrükken, höchstens durch Entschlossenheit kompensieren konnten. Denn wohin mit dem keineswegs erloschenen, sondern nach wie vor lebendigen, wiewohl kopflos gewordenen Hingebungspotential der Frontkämpfer? Die verzweifelten Aktionen, deren Typologie von dem Staatsrechtslehrer Carl Schmitt später zur Politischen Theologie des Dezisionismus erhoben werden sollte, das leere Entweder-Oder, dem es nicht mehr um das »Was« der Entscheidung ging, sondern nur ums »Daß«, unbekümmert um die Folgen, offenbaren bereits die Führungsschwäche, die politische und metaphysische Ortlosigkeit, die in der zweiten Phase des Ersten Weltkriegs aufkam, als die Offiziere auf sich selbst angewiesen waren, das erloschene Vertrauen in Gott, Kaiser und Vaterland nicht

selten durch Desertion nach vorn zu kompensieren versuchten. Die Front wird zur Heimat, denn hinter ihr stürzt eine Welt zusammen. Berchthold, v. Schleich, nahezu alle Jagdflieger, die das Kriegsende noch miterleben, telefonieren auf einer Reise durch die meuternde Etappe aufgewühlt an die Front, um sich zu vergewissern, daß zumindest vorn noch alles in Ordnung ist.

Die Intensität der Jagdfliegerei als Kompensation, nicht als Rettungsversuch, sondern als Kehraus des Kaiserreichs zu deuten, fällt leicht. – Aber gerade entlegene Pilze sind mit einem Fadengeflecht unterirdisch verbunden –. Die Erschütterung der Autorität und der staatlichen Institutionen hat sich damals mannigfach gezeigt, und sie ist auch bis in die Winkel von Seelen gedrungen, die davon gar nichts bemerkt zu haben glaubten, obwohl sie, konvulsivisch ergriffen, die merkwürdigsten Zeitballette, expressionistische Veitstänze geistiger wie physischer Art aufführten. Von da aus gab es Kulturkonkurrenz, die von Spenglers »Untergang des Abendlandes« bis zu Volkstänzen und den Visionen des Neuen Reiches im Münchner Hofbräuhaus reichte. Damals entsteht auch die erbitterte Feindschaft der Literaten und Aufbereiter des Lebensgefühls, denn die Feinde einer Orientierungskrise vergessen einander nicht. Die späteren Bücherverbrennungen und der Feldzug ge-

»The causes that led to one of the best German fighters of World War I, Hermann Göring, becoming one of the most hated and ridiculous men in Germany during World War II, are still not fully resolved.«
(H. J. Nowarra, in: B. Robertson, Von Richthofen and the flying circus, Letchworth 1958, 183)

gen die Entartete Kunst waren daher eine Abrechnung mit dem längst aufgesparten Feind, der bezeichnenderweise auch bei den Gegnern des Dritten Reichs, den Russen, kein Verständnis fand. Kandinsky und Chagall verließen Sowjetrußland.

Als am 10. 11. 1918, einen Tag vor dem Waffenstillstand, der Befehl an Göring kommt – nach dem Tod Reinhards war er Richthofens Nachfolger geworden –, das Geschwader nach Darmstadt zu überführen und bei der Zwischenlandung einiger Flugzeuge in Mannheim den Piloten von dem dortigen Soldatenrat die Waffen abgenommen werden, ergeht ein Befehl Görings: »Falls die Offiziere nicht sofort mit ihren Waffen wieder aufsteigen könnten, würde der Platz dem Erdboden gleichgemacht« (Bodenschatz, a. a. O. 141). Göring hatte offenbar vergessen, daß ein Flugplatz für gewöhnlich dem Erdboden gleich ist, hatte mit seiner Drohung aber dennoch Erfolg.

Die Entschlossenheit à tout prix und der Carl Schmittsche Dezisionismus sind auch jagdfliegerhaft, Göring gewissermaßen von den Lippen gelesen, der wiederholt in seinen Reden sagte: »Lieber schieße ich ein paar Mal zu kurz oder zu weit, aber ich schieße wenigstens.« Gerade der NS-Staat hat von der abgebundenen, eigentlich nirgendwo neu anzubindenden Gläubigkeit pro-

fitiert. Heidegger trieb mit solchen Leerformeln seine Studenten zu den Wahlurnen Hitlers. »Ich bin entschlossen, ich weiß nur nicht wozu«, war eine Freiburger Redensart. Nur ging es hier und im Dritten Reich um Traditionsstiftung, um 1917 erlebte man den Traditionszerfall, der noch offene und weitaus beunruhigendere Aktionen zeitigte als etwa die Einverleibung des friderizianisch-preußischen Kulturerbes in den dreißiger Jahren.

Schon bei Richthofen sind Sendeimpulse des damals aufkommenden existentiellen Lebensgefühls zu hören. Laut werden sie allerdings erst im Zusammenbruch des Kaiserreichs. Ihm gingen im Heer und in der Marine nachlassende Disziplin, Stimmung der Kraftlosigkeit und vor allem Empörung voraus, wenn – wie man hörte – höhere Offiziere sich den Verpflichtungen an der Front entziehen konnten, ohne dafür bestraft zu werden. Angesichts solcher Alternativen und ihrer Häufung wurde der patriotisch engagierte Frontkämpfer in seiner Substanz getroffen, psychisch verwundet und existentiell zum Äußersten gebracht. In diesem Moment zog er – wie mit einem Schlußstrich – die allgemeine ethische Verpflichtung an sich und gründete sie neu in sich selbst, um sie zu retten. Die letzten Monate kämpfte er nach beiden Seiten, ancipiti proelio: die um sich greifende Verunsicherung im Rücken kompensierte er

»War ich doch ›Ausländer‹ unter lauter Preußen!«
(Adolf Ritter v. Tutschek, In Trichtern und Wolken,
Berlin 1934, 178)

durch bedingungslosen Kampf vorn. Aber an den Erfolg seines Einsatzes glaubte auch er nicht mehr, und so ergriff ihn im Durchhalten ein paradoxes Lebensgefühl, die Heroik des Scheiterns, ein »credo quia ad absurdum«. Mit dem neuen Pflichtbegriff aber, der sich an keine haltgebenden und herkömmlichen Vorstellungen zu erinnern schien und der nur noch von dem unbedingten Willen zum Kampf beseelt war, setzte er eine Amok laufende Entschlossenheit frei, die nicht einmal wußte, woher sie ihre große, verzweifelte und künstliche Kraft nahm, jedenfalls nicht mehr vom Kaiserreich, das er ebenso verraten sah, wie er sich von ihm verraten wußte. Er schloß dann mit seinem Leben ab. Da es andererseits auch nicht wenige gab, die noch ethisch beibehalten wollten, was sich geschichtlich zerstört hatte, gleicht dieser Vorgang dem Umschlag einer bislang homogenen und klaren Flüssigkeit in eine Emulsion; die Formation wird milchig.

Die Kämpfenden sind mit einem Male vereinzelt. Wenn sie sich an Tradition gebunden fühlen, werden sie in noch höherem Grade konservativ – oder fallen ab. Wenn sie keine Tradition kennen, werden sie anfällig für neue Lebensweisen und politische Utopien – oder werden überraschend konservativ. Im Nebel der Auflösung einer Front gleichsam in ihre Elemente entstehen erstaunliche Koalitionen.

Der Partikularismus begann auch in Form eines *Regionalismus*, den die kaiserliche Regierung, entweder soziologisch ahnungslos oder schon gegen ihren Willen, zuließ:

»Im Juli 1917 wurden die Jagdstaffeln 16, 23, 32, 34 und 35 in rein bayrische Formationen umgewandelt ... Die Bayern, die preußischen Staffeln angehören, werden gegen die Preußen in den jetzt bayrischen Staffeln ausgetauscht.«
(F. Lange, Ritter von Schleich, Düsseldorf 1939, 79)

Die jetzt getrennten Staffeln bevorzugten sogar eigene Flugzeuge. Die Norddeutschen flogen Fokker, die Süddeutschen Albatros und die leistungsärmeren Typen der Pfalz-Werke Speyer.
Richthofen hatte vergeblich davor gewarnt:

»Ein Zerreißen von solchen gut eingeflogenen Piloten halte ich folglich für sehr gefährlich.«
(M. v. Richthofen, Militärisches Vermächtnis, a. a. O. 20)

Keine ist absehbar, zu beobachten ist eine starke Neigung, blindlings zu handeln, »etwas tun zu müssen«, und die Bereitschaft, bisherige Herrschaftsformen und Dogmen unbesehen gegen neue einzutauschen, nur damit der Zustand der Ordnung sich wieder herstellt. Es gibt mehrwertige, »soldatische« Bindungen, die sich mit politischen Rechts-Links-Einordnungen überhaupt nicht fassen lassen. So ist es auch irrig zu meinen, daß die Alternative zwischen Kaisertreuen und Kommunisten vorherrschend sei, es bilden sich auch konservativ-anarchische Mischformen, in denen die äußerste Kampfentschlossenheit mit gleichzeitigem Antipatriotismus und Irreligiosität zusammengeht; zu beobachten etwa in Ernst Jüngers Kriegsjournal »Stahlgewitter«.

Zwar ist bei allen das Verlangen nach einer ebenso umgreifenden wie durchgreifenden Autorität verstärkt vorhanden, aber sie selbst ist verschwunden. Es fielen auch ihre Träger, zumeist Vorbilder im Krieg. (Es dauert überhaupt eine Zeit, bis die Historie ihre eigenen Pointen versteht, Lachen und Erwachen kommen später, unbegriffene Handlungen gehen voraus.) Der Einfluß bedeutender Menschen verschwindet jedenfalls später als sie selbst, der Einfluß des Staates jedoch eher als er selbst. Und das ist einer der Hauptgründe für den jetzt aufkommenden Subjektivismus.

Am 25.11.1925 werden die sterblichen Überreste Richthofens von Fricourt auf den Berliner Invalidenfriedhof überführt:

»Wo der Zug hielt, in Baden-Oos, Rastatt, Karlsruhe, Durlach, Bruchsal, Heidelberg, überall standen Behörden und Vereine auf dem Bahnhof, vaterländische Lieder grüßten den Sarg. Und keinen Unterschied gab es zwischen den Parteien, die da erschienen waren. Kriegervereine, Offiziersverbände, Reichsbanner, Stahlhelm, Organisation Escherich, Bund jüdischer Frontsoldaten, Werwolf, Jungdeutscher Orden, und wie sie alle heißen mögen, alle waren erschienen, um in seltener Eintracht den heimkehrenden toten Helden zu ehren.«
(Ausg. 1933, 259)

Wenn man den Wahrheitsanspruch in der Gedankenentwicklung nicht zu ernst nimmt, ist Hegels »Phänomenologie des Geistes« (1806) ein Buch, das solche historischen Vorgänge gedanklich unterlegt und damit eine mögliche Struktur durchschimmern läßt. Folgt man Hegel und sieht, wie jedes Kapitcl mit dem eben erst positives Recht gewordenen, bald wieder unberechtigten Atomismus der Gesellschaft beginnt, wie das »Außersichsein im Allgemeinen« dem Subjekt ebenso notwendig ist, wie es ihm als Entfremdung zum Vorwurf gemacht wird, wie die Rückkehr daraus gelobt und dann wieder als Verlorenheit getadelt wird, so weiß man nach einigen Durchgängen: das individuelle Glück ist kurz, erfolgreich ist das gebrochene Kreuz.

Schon vor 1933 werden die Nonkonformisten wieder konform, sie beginnen ihre ästhetische wie politische Buntscheckigkeit einzufärben und stimmen in eine »allgemeine«, leider von einem großen Teil Deutschlands nicht ernst genommene Litanei.

Ein Geheimnis der »Phänomenologie« Hegels ist nämlich, daß anstelle des realen »Fortschritts im Bewußtsein« eigentlich nur ein virtueller Zuwachs von Vermittlungsfähigkeit bei geschichtlichen und moralischen Konflikten zu konstatieren ist. Der Geist in diesem Buch ist auch der Geist der Anpassung und Unterwanderung; seine gedankliche Kultur

kann insofern Fortschritt genannt werden, als sie Fähigkeiten zum Überleben vorzeigt. Der lernende Geist, noch in der Minderheit, vom Erfolg abhängig, muß dann notwendig revolutionär werden. Diese Beobachtung kommt auch den biologischen Ansichten Hegels entgegen, berücksichtigt man die Tatsache, daß sich seine Logik wie seine Dialektik der Lamarckschen Evolutionstheorie ebenso verpflichtet weiß wie seine an Erfolgsgeschichte geknüpfte Rechts- und Staatsphilosophie einem künftigen Sozialdarwinismus.

Hegels »objektiver Geist« – d. h. die geistige Richtung der Zeit, die, politisch noch in der Minderheit, die Mehrheit auf sich zieht – verließ offenbar schon vor 1914 die Wilhelminischen Institutionen. Ab 1917 spielte er mit Legitimationskrisen und hielt sich, vorübergehend subjektiv, in rivalisierenden Partikularitäten auf. Auch vor Parteinahme hält er sich, schillernd zwischen Deskription und Aktion wie die Parlamentarismus- und Liberalismuskritik Carl Schmitts (der ihn erfaßte), so lange zurück, bis die Weimarer Parteien- und Diadochenkämpfe entschieden sind. Dann ist er wieder da.

Der Vorgang ist um so erstaunlicher, als die NS-Rhetoren keine in sich geschlossene Ideologie hatten, sondern nur handfest klingende

Argumente zu den Ursachen der ökonomischen wie geistigen Not. Auf der Folie von Feindbildern entwarfen sie ein Deutschland, das es gar nicht gab, weder in der ›christlichen‹ Zukunft noch in der ›germanischen‹ Vergangenheit, das aber ringsum divergierenden Sehnsüchten entsprach und so oft wechselte wie die Vortragsorte. So paßten sie sich chamäleonartig diffusen Stimmungen an und sogen, mit mehr oder weniger Gewalt, den »Stahlhelm«, die »Bündischen«, welche Formation auch immer (mit Ausnahme jüdischer oder kommunistischer Gruppierungen) in ihre Bewegung auf. Die Formation, obwohl mannigfach getrübt und gekränkt, erschien wieder geschlossen, zu durchsichtig, zu klar.

Die Kraft, die dies ermöglichte, ist auch die Erschütterung beim Fortfall des Kaiserreichs gewesen. Diese sollte selbst bei ökonomischen Erklärungen des NS-Reiches nicht unterschätzt werden. Nichts füllt sich schneller als ein ideologisches Vakuum, leichter als die hohle Hand. Es traten damals massenhaft Menschen auf, die die verlorene Größe durch ihre Kleinigkeit beheben wollten.
Verfolgt man die Äußerungen zahlreicher Jagdflieger, die freiwillig unter die neuen Fahnen gingen, Göring voran, Bruno Loerzer, Adolf Ritter von Schleich (Udet bildet eine Ausnah-

Fokker D-VII im Luftkampf mit S.E. 5

me), so verbreitet sich in den Memoiren und Reden ein neu aggressiver und in ein Pathos des gekränkten Vaterlandes konvertierter Landsknechtsjargon, dem Richthofens sublime Versöhnlichkeiten gegenüber dem Feinde fehlen. Richthofen ist anders. Schon zu seinen Lebzeiten unfähig zur Anpassung, stirbt er als ein sehr junger Mann einer alten Zeit.

Before Snoopy could turn his plane to the attack, the Red Baron swooped down upon him and riddled his plane with bullets.

»Red Baron«

Einer der Gründe des heutigen Richthofen-My-
thos ist wohl der kindlich-aristokratische Zug,
den Plebejer, Amerikaner und Intellektuelle
unter der Türe her, die ihnen verschlossen ist,
wie süße Luft riechen. Gerade die Engländer, die
sich auf die kulinarische Betrachtung des Adels
verstehen, können sich nicht satt daran tun.
Wenn es in Amerika einen deutschen Helden
gibt, der die Dauerbeschäftigung mit Hitler und
der nationalsozialistischen Brutalität einholt,
dann ist es der »Rote Baron«. In der Comics-Se-
rie um Snoopy spielt der »Red Baron« eine große
Rolle. Die Lufthansa wirbt unter seinem Namen, und wenn man einen Amerikaner fragt,
mit welcher Linie er fliegt, und er antwortet
»mit dem roten Baron«, dann meint er die
Lufthansa. Man darf nicht vergessen, daß das
Modell des roten Fokker-Dreideckers von der
Firma »Revell« in jedem Kaufhaus der westli-
chen Welt verkauft wird und daß die Engländer
anstelle des unbekannten Edward Mannock, der
doch 73 Gegner abschoß, Richthofen verehren
und nicht vergessen können. Amerika, durch
langsam fahrende Straßenkreuzer gezähmt, ein

Land mit überfüllten Städten, in denen die Menschen einander wie Haustiere halten, braucht offenbar den Luftzirkus, Flugzeugrennen, Erinnerungen an einsame Kraftakte und Vorwegnahmen flottierender Aggressivität. William Faulkner hat in der »Wendemarke« diese Beengungen entworfen. Mit dem historischen Richthofen hat der amerikanische Kult, wie so mancher Import, nichts mehr zu tun.

Übrigens ist das Phänomen des amerikanischen Milliardärs Hughes wegen seiner Resignation – er ist so etwas wie der Byron des Flugzeugs – psychologisch fast interessanter noch als Richthofen, weil dieser Mann noch zu Lebzeiten der Gesellschaft den Rücken zukehrte, disgregierte und nirgendwo mehr zu finden war.

»Es (wurde) später überhaupt (nur) möglich..., daß die anfänglich absolute Luftherrschaft der Ententeflieger nur zu einer Luftüberlegenheit herabgemindert werden konnte... Überlegene Masse und Material ließen die Waage des Kampfes immer wieder zugunsten des Feindes sinken.«
(v. Bülow, a. a. O. 75, 76)

Reiter in den Wolken

Blickt man von außen auf den Ersten Weltkrieg, so ist er sinnlos. Läßt man sich darauf ein, ihn nachzuvollziehen, so ist seine Entwicklung nicht ohne Logik. Auffällig ist eine neue historische Situation, die sowohl das Oberste Heereskommando wie das verantwortliche Individuum, in diesem Fall Richthofen, so überfiel, daß es kaum Zeit fand, sich zu überlegen, ob es ihr gewachsen sei (sieht man einmal davon ab, daß solche Gedanken nicht erlaubt waren oder als abwegig empfunden worden wären).

Im Ersten Weltkrieg entscheidet Materialeinsatz und technische Entwicklung, der persönliche Einsatz tritt zurück. Dennoch, betrachtet man das Phänomen Richthofen von seiner Waffe her, dem Jagdflugzeug mit seinen bestimmten Daten, Leistungen und dessen technischer Entwicklung im Verlauf des Krieges, so zeigt sich erst seine Leistung. Auch hier galt wieder: je schlechter das Flugzeug, desto besser der Mann. Das Flugzeugwesen wurde nach der Jahrhundertwende importiert. 1909 flog Wilbur Wright auf dem Tempelhofer Feld den erstaunten Berli-

Das erste Kriegsjahr war für Immelmann recht friedlich. Daß seine Tätigkeit ans Komische grenzte, fiel
ihm nicht auf: »Ich sitze sozusagen mitten in den
Motoren drin. Entweder ich fahre Motorrad, wovon
wir drei haben, oder Auto, oder ich fliege. Wir haben
hier L.V.G.- und Albatros-Flugzeuge und Gotha-Tau-
ben... Da ich Führer der Kraftwagenkolonne bin,
muß ich jeden Monat eine Fahrt von mindestens 40
km machen. Wohin ich mit der Kolonne fahre, steht
ganz in meinem Belieben.«
(F. Immelmann, Immelmann/Der Adler von Lille,
Leipzig 1934, 54)

nern erste Runden und Achten vor. Von diesem Zeitpunkt an blieben die Deutschen in der Entwicklung der Luftfahrt zurück und liebäugelten eher mit Luftschiffen. Die Winterschlacht in der Champagne zeigte sechs Jahre später, daß der Verlust der Luftüberlegenheit gleich nach Beginn des Krieges schon seine Ursache im Frieden hatte. Dafür scheint es drei Gründe zu geben. Die Luftwaffe wurde überschätzt und unterschätzt zugleich. Man hat die Möglichkeit der Luftaufklärung, der Ziellenkung beim Einschießen von Batterien, den Bombenwurf und die Demoralisierung des Gegners durch Tiefflugzeuge nicht in dem Sinne eingeschätzt, wie die Bedeutung der Jagdfliegerei hochgespielt. Sie entstand im Verlaufe des Krieges, ab 1914/15 etwa, aus einander belästigenden Aufklärern. Kriegsentscheidend war sie nicht, kriegsunwichtig wiederum auch nicht, denn ohne die Jagdflieger waren Luftaufklärung, Bomben- und Schlachtflüge kaum möglich. Die Zusammenhänge blieben jedoch wenig beachtet, und so wurden die wechselnden Luftüberlegenheiten, die stets zu Beginn von Offensiven (an der Marne, Somme) erkämpft wurden, von beiden Seiten mit schweren Verlusten bezahlt. Diese bekannten Fakten ergänzen sich noch durch eine technische Unterlegenheit im Flugzeugbau der Deutschen. In die Aerodynamik war man nicht einmal eingeweiht, geschweige denn unglücklich verliebt. Man sah zu Beginn

Richthofen am 27. 11. 1914:

»Daß unsere Kavalleriebrigade noch existiert, ist eigentlich ein Wunder... Immer war es eigentlich sehr spannend und interessant, obwohl wir oft keinen Anspruch mehr hatten, aus den Patschen herauszukommen.«
(Kunigunde v. R., a. a. O. 23)

»Es gibt eben nichts Schöneres für einen jungen Kavallerieoffizier, als auf Jagd zu fliegen.« (88)

»Ich muß hinzufügen, daß Holck von einem Motor nicht ganz dieselbe Ahnung hatte wie von einem Hafervergaser, und ich selbst war völlig schimmerlos.« (51)

»Herrgott, wo ist denn Ihr Kraftfahrer?« (118)

des Krieges das Flugzeug als eine Art beflügeltes Auto oder als »Luftroß« an. Diese Mentalität hatten Ingenieure und Offiziere gleichermaßen, als im März 1915 Major Thomsen die Luftwaffe aus Eisenbahnern und Kraftfahrern reorganisierte. Hinzu kam die inzwischen aufgelöste Kavallerie, die dann auch gleich als »Aufklärer« oder »Spähtrupp« so lärmend effektiv auftauchten wie etwa Steinschloßflintensoldaten in einer Panzerschlacht. Gerade dieser aristokratische Einschlag der dreidimensionalen Kavallerie – es waren zumeist fröhliche, aber ahnungslose junge Männer, die vom Pferd ins Flugzeug umstiegen – hat die Mentalität der Jagdfliegerei mitgeprägt und sie technisch ineffektiv gemacht. Die ersten Piloten sollen sogar noch mit Sporen in die Flugzeuge geklettert sein, und Lothar von Richthofen nahm als Maskottchen stets seine Reitpeitsche mit.

Immelmann war Autoliebhaber und ein begeistertes ADAC-Mitglied, dem Flugzeug stand er ebenso wie Richthofen zunächst ratlos gegenüber. Richthofen spricht vom Rumpf als von der »Karosse« und amüsiert sich, wenn ein Pionieroffizier, herbeigeeilt bei einer Bruchlandung, sich nach seinem »Fahrer« erkundigt. Solche Fragen sind offiziersmäßig oder adlig. »Emil und Franz« kommen erst auf. Es hat lange gedauert, bis sich Richthofen entschloß, den Beobachter aufzugeben und selbst Pilot zu werden.

Anthony Fokker über Richthofen:

»Manche stellten sich anfangs sehr dumm an und
wurden schließlich doch ausgezeichnete Piloten. Zu
ihnen gehört unter anderen Richthofen, obwohl er
den Vorteil hatte, als Beobachter anzufangen...
Richthofen verstand wenig von den technischen
Einzelheiten des Flugzeugs. Ungleich Boelcke und
Immelmann interessierte er sich auch gar nicht dafür,
wenigstens nicht über das hinaus, was ihm im
Hinblick auf seine eigene Sicherheit und Weiterbil-
dung zu wissen notwendig war.«
(A. H. G. Fokker & Bruce Gould, Der fliegende Hol-
länder, Zürich 1933, 264)

Von 17000 deutschen im Fliegerberuf ausgebildeten
Offizieren und Soldaten waren bei Kriegsende 13100
verwundet, vermißt, tot.
(H. von Bülow, a. a. O. 126)

Grundzug der Aristokratie und ihre Gefahr ist Risikobereitschaft, »das Leben dran zu wagen« (Hegel). Sie ist Herr, die Diener bleiben unten. Insofern hat Hegel nicht ganz unrecht, wenn er sagt, daß der Herr »den Tod aushält«, während der Knecht sich vor ihm fürchtet und sich deshalb unterwirft. Bezeichnend für die aristokratische, in der Kadettenschule beigebrachte Haltung ist es deshalb, sich mit den Waffen nicht zu beschäftigen, eher mit Strategie. Das Werkzeug ist Sache des »Zivilisten«, des bürgerlichen Knechts, des Mechanikers, der allerdings mit dieser Kenntnis überleben und den Aristokraten besiegen wird.

Heute bekommt ein Jagdflieger die kritischen Vorgänge im Simulator und im Windkanal vorgeführt, und er ist überdies in der Hand seiner Elektronik, den roten Fünkchen der Sensoren, ein Zeichen, daß die Herr-Knecht-Dialektik Hegels weiter in die Werkzeugebene verfolgt werden muß. Der Typus des Technokraten, des Anpassers schlechthin, der die gesellschaftlichen Schranken nach unten wie oben überspringt und mit seinem Knowhow nach allen Seiten umfällt, kommt eigentlich erst im Zweiten Weltkrieg zum Zuge. Im Ersten Weltkrieg hatten Offiziersstand und Aristokratie ihr Leben daran zu wagen, es war eine gemeinsame Verpflichtung fast wie der Drang der Lemminge, sich ins Meer zu stürzen. Sie bezahlte auf diese

Wright's lenkbarer Doppeldeckerdrachen

Weise für ihr technisches Unverständnis. Allerdings war sie nicht allein schuld, sondern eher ein Opfer von Umständen, die auch die Konstrukteure und Produzenten nicht durchschauten. Dazu war die Fliegerei noch zu jung. Woran lag es aber?

Wright's Gleiter

Der schießende Drachen

1893 erfand Hargrave in Australien den Kasten-
drachen und somit die aerodynamische Eigenstabilität eines Apparates aus Stoff und Leisten.
Unter Hinzunahme von dünnen Vogelflügelpro-
filen entwickelten Wilbur und Orville Wright
1899 daraus einen Doppeldeckerdrachen, der
bereits mit vier gekreuzten Schnüren von der
Erde aus verwunden, d. h. mit Querrudern entstabilisiert und am Himmel hin und her gelenkt
werden konnte.
Ein Jahr später kam das Höhenruder hinzu, das
vorausliegend den Zug der Leine kompensierte,
als sich der Drache zum Gleiter abnabelte und
sich sozusagen freiflog. Einer der Brüder legte
sich um 1900 in den Drachen, machte erste
Gleitflüge und entdeckte dabei die Notwendig-
keit der Seitensteuerung, die zwar von Schiffen
bekannt war, in der Luft aber lange Zeit nicht
einleuchten wollte, weil Vögel kein Seitensteuer haben. Es wurde 1902 hinten angefügt. Damit
war, bevor erst von einem Flugzeug die Rede
sein konnte, die Dreiachsensteuerung und auch
die Forderung nach der Quer-, Längs- und Seitenstabilität entwickelt. Erst als die Simultan-
Gegensteuerung aller Kipp-, Roll- und Gierbe-

Lilienthal in seinem Doppeldeckergleiter

Immelmann im 150 PS-L.V.G.-Kampfdoppeldecker, Juli 1915

A. Fokker im ersten deutschen Jagdflugzeug, Prototyp E-I, 80 PS, 1915

wegung des Flugzeugs gewährleistet war, kam ein Motor hinzu, und so konnten die Gebrüder Wright am 17. 12. 1903 bei Kitty Hawk (Nordkarolina) ihren Apparat nicht nur sicher abheben, sondern auch steuern und landen lassen.

Lilienthals tödlicher Absturz im Jahre 1896 ist nicht darauf zurückzuführen, daß er schlechte Gleiter baute. Im Gegenteil, sie waren aerodynamisch ausgezeichnet, querstabil durch V-Form und durch offenbar schon geschränkte Flügelspitzen mit hochgebogenen Hinterrändern ähnlich wie beim javanischen Zanonia-Flugsamen, sowie längsstabil durch Zusammenfassung des Seitenleitwerks und des Höhenleitwerks am Schwanz, dessen Gewicht durch den Piloten kurz vor dem Schwerpunkt kompensiert wurde. Aber er steuerte ähnlich wie die heutigen Drachenflieger mit dem Gewicht seines Körpers, es gab keinerlei Ruder.

Dieses Verfahren Lilienthals, Hyperleichtbauweise zusammen mit der Vorstellung, man könne fehlende Manövrierfähigkeit durch Kraft kompensieren, setzte sich symbolisch im Jagdflugzeugbau fort. Abgesehen von einem schwerfälligen Grundtyp, dem C-Kampfflugzeug, das ein umgebauter Aufklärer, zweisitzig, konventionell und leistungsarm war, zeichneten sich die deutschen Jagdflugzeuge im Gegensatz zu den englischen von Kriegsbeginn an durch schlechtere Bau- und Flugstabilität, durch höhe-

Ing. Anthony Fokkers Sicherheitsvorstellungen:

»Ich startete, führte in der Maschine die hohe Schule des Kunstflugs vor und machte dabei einen fürchterlichen Radau mit den drei Maschinengewehren. Alle sahen mir gespannt zu, aber sie haben niemals erfahren, warum ich ganz plötzlich am anderen Ende des Flugplatzes landete und mit der Maschine schleunigst in die Halle rollte, ehe all die Offiziere herübergelaufen waren, um sich dieses mächtige Luftkampfmittel noch einmal anzusehen. Ich ließ nicht einen einzigen Menschen noch einen Blick auf meine plötzlich so schamhaft gewordene Maschine werfen. Während ich mich nämlich in der Luft vergnügte, gab es in dem Mechanismus des einen Maschinengewehrs plötzlich eine Hemmung. Es feuerte unsynchronisiert weiter und hatte mir schon fast den ganzen Propeller abgeschossen, bevor ich an der Vibration merkte, was los war. Ich landete sofort, damit der Propeller nicht ganz zersplitterte oder mir den Motor aus der Lagerung risse. Ich zählte sechzehn Schüsse in der Schraube, und der eine Propellerflügel hing nur noch gerade so dran. Trotz aller erstaunten Proteste hielt ich die Maschine unter Verschluß, bis ein neuer Propeller montiert war. Niemand hat bis heute erfahren, wie knapp ich damals noch gerade mit dem Leben davongekommen bin.

Einige Zeit später wurde die Maschine Immelmann übergeben. Sie blieb eine Unglückskiste...«
(A. Fokker, a. a. O. 201)

re Motorleistungen und durch schwerere Bewaffnung aus. Die Flugzeuge wurden gleich nach den erwünschten Schußleistungen entworfen. Man dachte an die Waffe, weniger an die Erfordernisse des Geräts, das sie tragen sollte. Die Folge war, daß nicht nur Richthofen zum Flugzeug ein Verhältnis bekam wie zu einem »fliegenden Motor« (184) oder einem MG mit Flügeln, sondern daß auch gefährliche Experimente unerkannt blieben, ja sogar toleriert wurden. Der Fokker-E-Typ hatte keine Querruder, höchstens eine unwirksame Flügelverwindung, dafür aber ein empfindliches Vollhöhenruder und ein zu kleines Seitenleitwerk. Das nur 350 kg schwere Flugzeug besaß einen 80-PS-7-Stern-Umlaufmotor der Fa. Oberursel und war zunächst untermotorisiert, dann übermotorisiert. Auch dies war eine Kuriosität, die die Entwicklung im direkten Sinn des Wortes exzentrisch machte, denn da man die Probleme der Luftkühlung nicht absah, wurde der Motor einfach an der Kurbelwelle festgehalten und er drehte sich samt dem Propeller mit ca. 1500 Touren pro Minute um sich selbst. Auf diese Weise konnte man die Kühlrippen zwar klein halten, aber die drehende Masse schlug mit ihren Vibrationen das Leichtflugzeug hinter sich allgemach aus Drähten, Schweißnähten und Verspannungsleim. Der Motor verbrauchte 40 l Schwerbenzin in der Stunde, dazu warf er mindestens 12 l Rizinusöl aus, das den Fokker

»Da bäumt der Fokker vorn auf. Blitzschnell ist die Zündung abgestellt, das Gas weggenommen. *Wieder*, wie am 31. Mai, *selbst* den Propeller durchschossen! Wieder knicken die Streben, die den Motor halten, ein, der nach vorn pendelnde Motor reißt das Flugzeug zum Sturze nach unten. Einmal, mehrmals gelingt ihm das Aufrichten des Flugzeugs vor steuerlosem Absturz. Doch die leichtere Bauart des Fokker E III ist diesen jedesmaligen harten Schlägen nicht gewachsen. Jedes mühsame Aufrichten ist mit einem unheimlichen Knirschen hinten im Flugzeugrumpf begleitet, und ein merkwürdiges Bestreben will das Flugzeug ruckweise, wie zu einer ›Rolle‹ nach rechts drehen. Gut, daß die Arbeit mit dem pendelnden Motor keinen Blick nach rückwärts gestattet. Da hinten ragen bereits 2 von den 4 Rumpflängsstreben durch die zerfetzte Bespannung in die Luft, bei jedem Aufrichten des Flugzeugs wippt der Schwanzteil nach oben, und dann sind auch die zwei letzten Streben durchgeknickt. Nun reißt sich mit gewaltigem Ruck das Schwanzteil von den noch haltenden Steuerkabeln los und die Flächen schlagen nach oben zusammen.« (F. Immelmann, a. a. O. 182)

wie eine Ölsardine einfettete. Indem es sich gleichmäßig über Rumpf, Piloten und Flügelkanten verbreitete, klebte es nicht nur alsbald, sondern drang auch durch die Zellonierung, löste sie auf und machte die Bespannung glasig wie Butterbrotpapier. Ein bis zwei MG schossen durch den Propellerkreis. Nach französischem Vorbild trug die Luftschraube zunächst Kugelabweisbleche. Dann wurde eine Schußblockierung mit Hilfe etwas stotternder Unterbrechungskontakte erfunden, die erst an der Front »heranreiften«. Schließlich entwickelte man ein vollsynchronisiertes Getriebe mit einer enormen Schußfolge, die den Fokker zum gefürchteten Feind machte. Anfang 1916 verdoppelte man die Motorleistung durch einen zusätzlichen, versetzten Stern auf 160 PS. Dies hielt die Zelle nicht mehr aus, vor allem, wenn man sich mit dem MG, was wiederholt vorkam, ein Propellerblatt abschoß, dann brach der Motor wegen der Unwucht aus der Halterung und zerpeitschte, solange er noch lief, das Flugzeug in der Luft. Ohne Motorwirkung war es nahezu unfliegbar. Als noch ein drittes MG eingebaut wurde, starb der Fokker sozusagen an technischer Hypertrophie. Es traten Motorstörungen und Selbstschüsse am Propeller auf, die Immelmann nach zwei Unfällen mit dem Leben bezahlte.

Eine solche Hypertrophie kannten die Englän-

160 PS-Fokker mit drei MG

»Die Hauptsache für einen Jagdflieger ist das MG...
Ein gut schießendes MG ist besser als ein gut
laufender Motor... Auf das Fliegen selbst lege ich
bedeutend weniger Wert.«
(Manfred von Richthofen, Militärisches Vermächtnis,
a. a. O. 23, 24)

»Loopings und solche Witze...« (105)

der nicht. Gemäß den Impulsen Wrights legten sie außerordentlichen Wert auf die Dreiachsenkontrolle und bauten Flugzeuge mit einer solchen Qualität, daß sie, z. B. der spätere S.E.5 und der Sopwith-Pup, an heutige Kunstflugfestigkeit heranreichten. Frühe Typen, wie der S.E.2a, D.H.6 und B.E.8, waren darüber hinaus noch ultraflugstabil, d. h. es war des Guten zuviel, sie waren nur schwer in Kurven zu legen. Es gab bei den Engländern weder zu starke Motoren, weder zu leichte noch zu schwere Flugzeuge, und die Ingenieure steigerten die Leistungen aus dem Mittelmaß heraus, während Fokker gern mit Extremen begann.

In der Folge wurden die Engländer dadurch auch Kunstflieger. Sie benutzten konsequent jede Fluglage im Luftkampf, Loopings, Turns (die Bezeichnungen sind daher angelsächsisch, nur Immelmann erfand eine neue Flugfigur), Rollen, Rückenfliegen, worüber sich Richthofen, ahnungsloserweise die deutsche Not mit der englischen Tugend verwechselnd (111), amüsiert.
Ein Flugzeug muß bis zu einem gewissen Grade eigenstabil und in den Rudern weder untersteuert noch übersteuert sein. Es ist falsch gebaut, wenn seine Ruder dazu benützt werden müssen, fehlende Eigenstabilität (wie zu kurzer Rumpf, zu kleine Leitwerke, zu kleine oder zu große Steuerflächen und Ausschläge, Kopf- oder Schwanzlastigkeit, falsche Anstcllwinkel etc.)

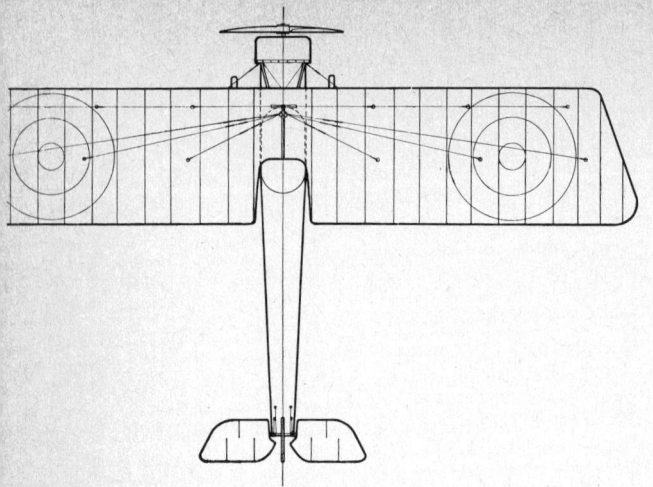

»Morane-Saulnier-Parasol«:

»Keines der Moranemodelle hatte eine Schwanzfläche. Die meisten Aeroplane haben (ich erwähne das
für den Laien) eine feste Schwanzfläche, an deren
hinteren Rändern sich eine bewegliche Klappe befindet – das Höhensteuer. Wenn man also die Hand von
der Höhensteuerkontrolle (dem Knüppel) wegnimmt,
bleibt das Höhensteuer einfach in seiner Lage, in der
gleichen Ebene mit der Schwanzfläche, und wenn die
Maschine korrekt montiert ist, fliegt sie von allein
waagerecht weiter. Die Morane jedoch hatte, wie
gesagt, keine Schwanzfläche, sondern nur die bewegliche Klappe, das Höhensteuer. Und dieses Höhensteuer war ein sogenanntes entlastetes, das heißt, ein
Teil seiner Oberfläche lag vor seinem Drehpunkt. Es
kommt hier jedoch nicht auf die technischen Einzelheiten an: im Ergebnis jedenfalls war dieses Höhensteuer so empfindlich wie eine Goldwaage; die

und damit die Normallage dauernd herzustellen. Das bedeutet in der Praxis, den Steuerknüppel immer festhalten zu müssen. Ein Flugzeug kann sogar entstabilisiert werden (unverschränkte, gerade Tragflächen haben), wenn nur die Leitwerke in Größe und Abstand zu den Tragflächen proportioniert sind. In diesem Fall wird das Flugzeug jede ihm gegebene Lage für kurze Zeit halten. Diese Bauweise ist eigentlich eine Grundforderung an das Jagdflugzeug des Ersten Weltkriegs gewesen, daß es die normale Fluglage einnimmt und behält, wenn man die Steuerung losläßt, um etwa eine Ladehemmung zu beseitigen.

Die Konstrukteure der Engländer haben sich an diese Forderungen gehalten, die deutschen nicht. Schon wenn man sich die englischen Leitwerke ansieht, so bemerkt man im Vergleich etwa mit Fokker-Leitwerken, daß die englische Entwicklung weder luxurierte noch experimentierte. Nur die Franzosen hatten einen Giftpilz entwickelt, der häufig schon vor dem Luftkampf herunterfiel, dann aber auch gleich Vorbild für die Fokker-E-Typen wurde, den Morane-Saulnier-Parasol, der in der N-Version als Mitteldecker wenig ermutigende Eigenschaften dem Fokker-E-I vererbte. Dieses Flugzeug war so nervös im Höhenruder, daß man den Knüppel nie loslassen durfte. Es flog wie ein Messer, das man durchs Wasser zieht, bei dem

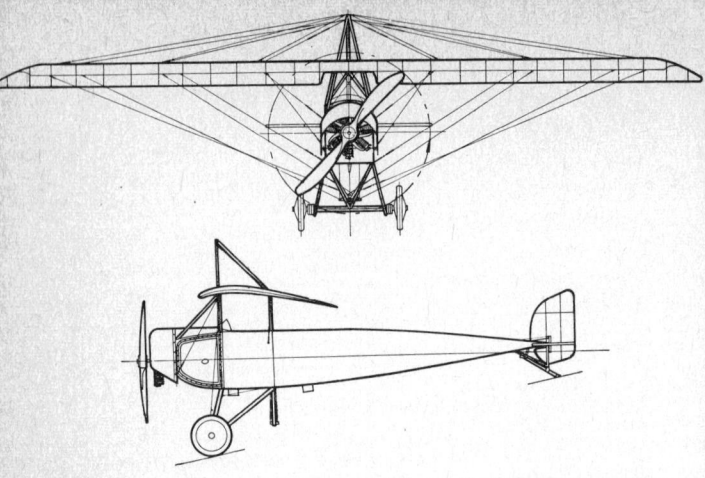

geringste Bewegung genügte, um die Maschine auf
Kopf oder Schwanz zu stellen. Nicht einen Augenblick konnte man sie sich selbst überlassen; solange
man in der Luft war, mußte man sie jede Sekunde in
der Gewalt haben. Die anderen Kontrollen waren, um
die Sache noch schwieriger zu machen, praktisch so
gut wie nicht vorhanden. Zwar gab es ein Seitensteuer, aber es war zu klein, um einen rasch herumzubrin-
gen, und die Verwindung war so unwirksam, daß es
manchmal, wenn man beim Aufstieg einen Stoß
unter eine Tragfläche bekam, buchstäblich Sekunden
dauerte, bis man die Maschine wieder ins Gleichgewicht bekam... Wenn man töricht genug war, (den
Knüppel) in der Luft loszulassen, fiel (er) mit einem
Krach vorwärts gegen den Tank, und die Maschine
tauchte steil nach unten. Niemals, selbst dann nicht,
wenn man die Maschine in- und auswendig kannte,
durfte man sich auch nur für eine Sekunde gehen
lassen.«
(Cecil Lewis, a. a. O. 54, 55)

man auch nicht im voraus weiß, wohin die Zuckungen die Hand führen. Warum das so sein mußte, sagt kein Chronist. Die Eigenschaften des Fokker-Eindeckers werden jedenfalls dieser »Todeskutsche« ähnlich gewesen sein.

Von Richthofen, der einen solchen Fokker-E-Typ kurze Zeit geflogen hat und infolge Motorversagens hinwirft (80), kommt keine Klage. Dagegen spricht er etwas abfällig vom »›Schwingenfliegen‹ wie der Vogel Albatros« (184).

Albatros C IX (zweiplätzig)

Le petit rouge

Gemeint ist der Albatros D-III, der im Sommer 1916 zusammen mit dem Roland-Haifisch-Typ aufkam. Es war ein kleiner Doppeldecker mit randbogengepfeilten Tragflächen und einem Rumpf in Sperrholzschalenbauweise, der nach und nach oval wurde. Dieses in jeder Weise ambitionierte Flugzeug zeigt beispielhaft, wie veraltete Konzeptionen in einem zukunftsträchtigen Design auftreten können. Der 160-PS-Mercedes-Reihenmotor war bereits stromlinienförmig verkleidet und trug einen flachen Spinner. Das bis zur Version D-Va zunehmend störanfällig werdende Flugzeug war eigentlich ein behäbiges Ding, das seine konservative Konstruktion (Ing. Thelen, Albatroswerke, Schneidemühl und Berlin-Johannisthal) nicht verleugnen konnte, es war nur schnell getrimmt. Rumpf und Leitwerk zeigten die aerodynamische Phantasie etwa von heutigen Autoskooter-Herstellern, wenn sie amerikanische Luxuslimousinen, die es noch gar nicht gibt, verkleinern müssen. Dies phantastische Osterei trug ein übergroßes Höhenleitwerk, das einem Walschwanz glich, und ein Torpedoflügelseitenleitwerk, das etwas niedrig war. Und in dieser geschwungenen Karosse, wie im Kahn eines Kettenkarussells, sieht man Richthofen.

Albatros D-V

Le petit rouge, der Albatros D-III, sah also bombig aus, als sei er nur zum Stürzen geeignet. Das durfte er wiederum nicht zu sehr, denn dann brachen ihm die Flügel. Obzwar nicht sehr wendig, war er doch einigermaßen schnell (175 km/h) und stieg mäßig (in 12' auf 3000 m). Er wurde mit Erfolg gegen die Nieuports 11 und D.H. 2 eingesetzt, bis er im Mai 1917 von Spads 7, Sopwith-Pups, Triplanes, S.E.5a und Camels überholt war. Bei der damals vorherrschenden Meinung, nur dünne Tragflächen gäben Geschwindigkeit, waren die Flügel des Albatros zu dünn, sie vibrierten und griffen in großen Höhen nicht mehr.Ohnmächtig mußten die Deutschen zusehen, daß die Ententeflieger noch ab 4000 Meter stiegen. Sie konnten sich also jederzeit dem Luftkampf durch Entsteigen entziehen.

Als man später zur besseren Sicht des Piloten den Unterflügel schmaler gestaltete, ihn einholmig machte, übernahm man schon wieder einen französischen Konstruktionsfehler, dieses Mal des Nieuport, und versah den Albatros mit einer ungewollten Sollbruchstelle. So fielen diese zwar schußkräftigen, aber zu teuren und zu schweren Flugzeuge im Sturzflug gleich weiter, weil auch noch die Seile für die Querruder durch den Unterflügel liefen. Im Januar 1917 verunglücken zwei Piloten der Jagdstaffel Boelcke tödlich. Auch in Richthofens Albatros D-III bricht der Unterflügel. Er überlebte und stieg zur

Sicherheit auf den Typ Halberstadt D-II um. Nach unzureichenden Holmverstärkungen und Hin- und Herverlegungen der Steuerseile in den Versionen D-V und D-Va, wurden die Piloten schließlich angewiesen, nicht so schnell zu stürzen. Ermutigend war dieser Vorschlag nicht. Denn der Sturzflug war die einzige Möglichkeit, einen überlegenen Gegner abzuschütteln.

Sopwith-Triplane

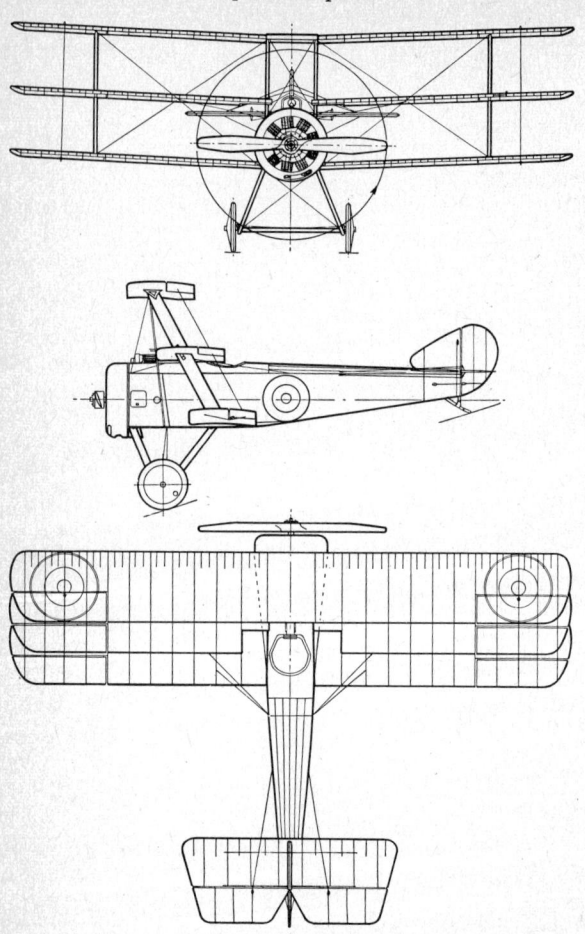

Fokker-Dreidecker

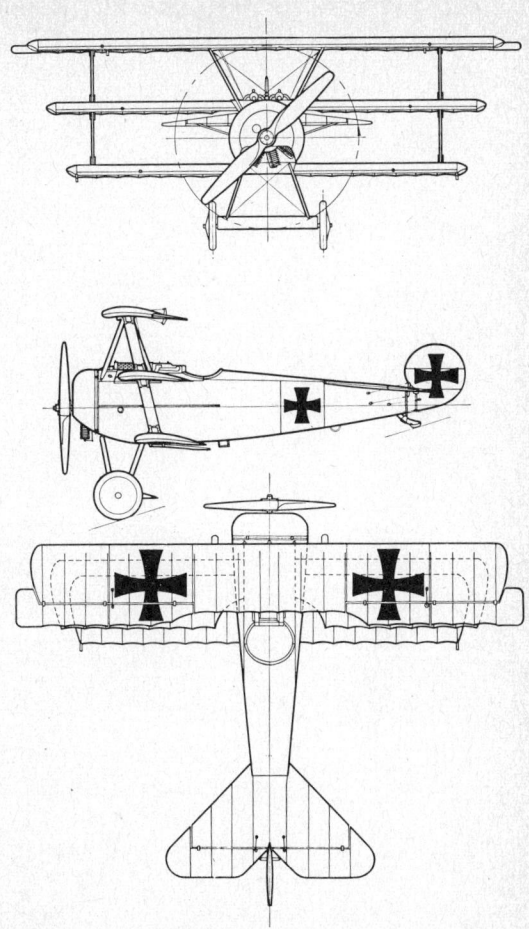

Sopwith-Dreidecker

Die Dreidecker

Bis der Zweidecker Fokker D-VII, das erfolg-
reichste deutsche Jagdflugzeug des Ersten Welt-
krieges, entwickelt wurde, tauchten für kurze
Zeit (Sept. 1917–Mai 1918) die Dreidecker auf.
Vierzehn deutsche und österreichische Firmen
kopierten um die Wette, als das Vorbild, der
englische Sopwith-Triplane, an die Westfront
kam und mit Wendigkeit und hervorragenden
Steigleistungen die schütteren Albatrosse über-
flügelte. Die Albatroswerke, sowie LFG-»Ro-
land« begannen sogar, ihre Doppeldecker in
Dreidecker umzubauen.
Obwohl keine Zukunft, hatte der Dreidecker
doch einige Vorteile. Die Trag- und Ruderflä-
chen lagen in der Nähe des Schwerpunkts. Mit
dem großen Auftrieb ließen die drei Tragflächen
trotz geringer Spannweite engere Kurvenradien
und erhöhte Wendigkeit zu. Auch stiegen die
leichten Maschinen besser. Nachteile, die in
Kauf genommen werden mußten, entstanden
aus der Strömungsbeeinflussung, wenn die drei
Flügel in zu geringem Abstand voneinander
montiert wurden. Deshalb legte man sie weit
gestaffelt auseinander, was die Flugzeuge vor-
sintflutlich hoch machte und überdies nickan-

»Von allen Maschinen ist mir, soweit es sich um die reine Freude am Fliegen handelt, der Dreidecker (Sopwith) als die beste in der Erinnerung... Er war herrlich ausbalanciert, manierlich, federleicht zu steuern und so bequem und warm. Er besaß, was damals etwas ganz Neues war, eine verstellbare Schwanzfläche, wodurch man die Längsneigung der Maschine regulieren konnte. Richtig eingestellt, bei dreiviertel geöffneter Drossel, machte der Dreidecker ganz von selber einen Looping nach dem andern.«
(Cecil Lewis, a. a. O. 158)

Richthofen sagte »beinahe heftig: ›Ihr bekommt neue Fokker-Dreidecker, steigen wie die Affen und sind wendig wie die Teufel.‹«
(Bodenschatz, a. a. O. 33)

fällig, weil diese Anordnung auf Kosten der Längsstabilität ging. Der große Luftwiderstand verringerte die Geschwindigkeit, und Bruchanfälligkeit war durch das komplizierte System von Streben, Stielen und Verdrahtungen vor allem bei dünnen Tragflächen absehbar. Der Sopwith-Triplane hatte allein sechs Querruderklappen, es muß ein Kunststück gewesen sein, sie alle parallel einzustellen.

Daß Fokker sich gegen die gesamte deutsche und österreichische Dreideckerkonkurrenz durchsetzte und sein Dr.-I sogar die Engländer (S.E.5 und Sopwith Camel 1) auskurven und übersteigen konnte, lag ironischerweise an der Ausnützung eines englischen Prinzips, das die Engländer bei ihrem Sopwith selbst nicht radikal genug anzuwenden wagten. (Dies wie das Folgende ist eine Vermutung des Verfassers!)

Phillips, ein skurriler, genialer Engländer, machte noch vor der Jahrhundertwende die Entdeckung, daß möglichst schmale, aber oben gerundete, d.h. tragende Flügel den stärksten Auftrieb haben. Er baute sich also ein Flugzeug, das wie eine Jalousie an einem Stock aussah (1904 mit 20 Tragflächen) oder in anderer Version wie ein fliegender Hühnerstall (1907 mit über 200 Tragflächen) anmutete. Der Flatterkasten flog aber nicht, sondern hüpfte nur.

Phillip's Multiplane 1904

Das Phillipsprinzip wurde erst im Rotorverfahren bei Trag- und Hubschraubern erfolgreich. Verdickt man allerdings diese Jalousettenflügel, so kann man sich die Vielzahl sparen, und dementsprechend benutzen auch die heutigen Transporter, z. B. die Bundeswehr-Dorniers und die Schweizer Pilatus-Porter, diese Wolkensägenflügel, und auch in der Zukunft werden die Großraumlifter solche absonderlich schmaldikken Tragflächen haben.

Der Fokker-Konstrukteur Reinhold Platz wählte im Gegensatz zu dem dünnen Profil des Sopwith Triplane, den er nicht gesehen haben soll, für den Dr.-I ein dickes, auf der Unterseite sogar leicht hohlkehliges, d. h. stark tragendes Profil (Verhältnis Flügeldicke:Flügeltiefe = 1:5), dessen Erfindung ihm zwar Junkers später streitig machte, dessen Herkunft aber wohl französisch ist (Léon Levavasseur mit seinem Eindekker »Monobloc« 1911). Damit durchbrach er ein damals herrschendes Vorurteil, den Tragflächen möglichst dünne Querschnitte zu geben. Man weiß nicht genau, ob Platz die Flügel dick machte, um darin stärkere Holmkästen, sogenannte »Luftholme«, unterzubringen und sie selbsttragend zu machen – die Drahtverspannung war einfach lästig –, oder ob er bereits wußte, daß dickere Profile keineswegs die Geschwindigkeit so stark verringerten, wie man damals befürchtete. Bei dem Fokker-Dreidecker

Armstrong Witworth Quadruple Plane N 511

»Ich mußte daher gewissermaßen einen Kompromiß schließen... Daher opferte ich Geschwindigkeit für Steigfähigkeit und Manövrierbarkeit.«
(A. Fokker, a. a. O. 198)

»Bei Kriegsende betrug mein Reingewinn wohl etwas mehr als 30 Millionen Mark. Hätte ich die finanzielle Seite meiner Geschäfte mehr beachtet, so hätte ich leicht das Doppelte haben können.«
(A. Fokker, a. a. O. 288)

Triplane:	Spann-weite	Gewicht	PS	Steig-fähigkeit
Sopwith:	8,08 m	642 kg	130	4,35'–1500 m
Fokker:	7,19 m	570 kg	110	3,45'–2000 m

wurde jedenfalls bewußt Geschwindigkeit für Steigfähigkeit geopfert. Denn es galt im Luftkampf, den Gegner auszukurven, ihn zu übersteigen und von oben, am besten aus der Sonne heraus, herabzustoßen, wobei man den Fahrtüberschuß und die bessere Sicht ausnutzte.

So zukünftig der Albatros ausgesehen hatte, so altmodisch sehen jetzt die leistungsfähigeren Fokker-Typen aus. Auch wegen ihrer praktischen und billigen Stahlrohrrümpfe dominieren sie bis zum Ende des Krieges. Der Dreidecker war eigentlich kein Flugzeug, sondern eher so etwas wie ein im doppelten Sinne überspanntes Turngerät. Seine Berühmtheit verdankte er Richthofen, Reinhard und Voß, an sich war das Flugzeug so rühmenswert nicht.

Anthony Fokker war am Himmel wie im Geschäft Artist und neigte dazu, den Militärs gute Angebote zu machen. Er kombinierte dann oft das Unmögliche und war in allem extrem, vor allem im Entstabilisieren seiner Flugzeuge. So war der Fokker-Dreidecker leichter als der Sopwith, er hatte einen Meter weniger Spannweite und stieg trotz geringerer PS-Zahl besser, aber er mutete den Piloten einiges zu.

Die Längs- und Seitenstabilität war miserabel. Der zu kurze Rumpf wurde durch eine überdimensionale, dreieckige Dämpfung einigerma-

Fokker-Dr.-I

So z. B.: »Für Manfred stand ein Einsitzer bereit, ein ihm unbekannter Typ. Vor dem Abflug fragte einer der Herren so leichthin: ›Für diesen kurzen Flug wollen Sie sich erst anschnallen – das tue ich nie.‹ – Manfred sagte: ›Ich schnalle mich zu jedem Überlandflug an.‹ ... Unterwegs nun geschieht dies: Manfred läßt vorübergehend das Höhensteuer los, wie er es bei seiner Maschine oft macht und machen muß. Sie fliegt dann sozusagen von selbst weiter. Ehe er einen Gedanken fassen kann fühlt er sich herumgerissen, spürt den klammernden Druck der Gurte auf seinem Leib, sieht die Erde wie einen Teller unter sich ... Die kopflastige Maschine war in dem Augenblick, als er das Steuer losließ, nach vornüber gegangen, bis sie mit den Rädern nach oben weiterflog ... Fast wäre der Sieger in über fünfzig Luftduellen einem friedlichen Spazierflug zum Opfer gefallen.«
(Kunigunde v. R., a. a. O. 114)

ßen kompensiert, wenn auch nicht einzusehen ist, warum das ohnehin schwierige Höhensteuer auch noch mit Hornflossenausgleich versehen war. Die geringe Kraft, die dabei wegfiel, nämlich den Knüppel zu ziehen und zu drücken, hätte das Flugzeug weniger nervös gemacht. Jedenfalls muß der Dreidecker zum Pumpen oder Unterschneiden geneigt haben, der Horizont tanzte oder saugte sich hoch. Sodann die – trotz Lilienthal! – unbegreifliche deutsche Abneigung gegen das Seitensteuer! Es war zu klein, ein zwar entlastetes aber ungedämpftes Plättchen nur, eine Galanterie von einem Ruder, das, so flach wie es war, nicht einmal die Strömung annahm, höchstens schlitzte. Es wirkte bei hoher Geschwindigkeit, im Langsamflug aber nicht, so daß die Maschine, die ohnehin leicht zu überziehen war, auch noch um so schneller trudelte. Lothar von Richthofen hat aus dieser Eigenschaft eine Jagdtechnik entwickelt, den Absturzbluff (167).

(Vor der Vorführung des D-VII, der die gleiche Neigung hatte, korrigierte Fokker den Fehler noch heimlich in der Nacht. Man weiß nicht genau, ob es Erbarmen mit den Frontpiloten war oder Sorge, im Wettbewerb durchzufallen, die ihn zur Abänderung bewog, jedenfalls war ein neues, gegenteiliges Extrem geboren. Der D-VII wurde durch seine Trudelfestigkeit berühmt und konnte, sozusagen auf dem Schwanz ste-

»Die Wendigkeit der Maschine ... war besonders eindrucksvoll. Zu gleicher Zeit mußte ich mir jedoch sagen, wenn einer der Frontpiloten, der die Maschine nicht kannte, sie in ihrer jetzigen Gestalt übernehmen ... würde, so würde das vermutlich mit einem Bruch für ihn und für das Flugzeug ... enden. Ich bekam schließlich heraus, daß der Flugzeugkörper hinten zu wenig, vorn zu viel Fläche hatte und daß die Seitensteuerflosse zu klein war. Es mußte etwas getan werden, denn am Montag sollten die Maschinen den Kampffliegern überlassen werden... Am Samstag aber rief ich in Schwerin an und gab Anweisung, daß zwei meiner besten Schweißer sofort kommen sollten. Sobald es dunkel wurde, schlossen wir uns in der großen Flugzeughalle ein und fingen nun an, wie Heinzelmännchen unter der weiten Wölbung beim violetten Licht der Azetylenlampen zu arbeiten. Wir schnitten das Gerippe des Flugzeugkörpers durch und setzten eine neue Sektion von 60 cm Länge ein, auch vergrößerten wir entsprechend die Seitenruderflosse ... Schließlich ergänzten wir die Stoffbespannung so geschickt, daß niemand erkennen konnte, daß an der Maschine gearbeitet worden war ...

Die Maschine war nicht mehr gefährlich zu fliegen ... die Neigung zum Trudeln war verschwunden.«
(A. Fokker, a. a. O. 218–220)

hend, den Gegner von unten abschießen. Richthofen hat diesen Typ nicht mehr im Einsatz geflogen.)

Zurück zum Dreidecker. Da der Stirnwiderstand sehr groß war, erreichte man die Geschwindigkeit mit Motorkraft, nicht durch Aerodynamik, und im Sturzflug flogen wie beim Albatros leicht die Tragflächen davon. Nach zwei tödlichen Unfällen – Gontermanns und Pastors Ende Oktober 1917 – zeigten sich Ermüdungsbrüche der Rippen, also Konstruktions- bzw. Fertigungsfehler. Bei Kriegsende fand man die Bau- und Sicherheitsvorschriften der kaiserlichen Luftwaffe im Safe der Firma Fokker. Sie wurden den Ingenieuren von der Geschäftsleitung offenbar geheimgehalten.

Mit dem Dreidecker konnte man eigentlich nur »drauf« fliegen und blitzschnell ausweichen. Richthofens Jagdweise hing also nicht nur von seiner Mentalität (den Finten und dem Kunstflug abhold) ab, sondern er hat auch seine Taktik den technischen Gegebenheiten seines Flugzeugs angepaßt. Landung und Start waren mit großen Schwierigkeiten verbunden, da es mit hängendem Leitwerk so gut wie keine Sicht nach vorn gab. Bei abgestelltem Motor sackte das Flugzeug wegen seines großen Luftwiderstands sofort durch und war eigentlich nur gegen den Wind zu landen. Beim Start und überhaupt beim Gasgeben und Drosseln mußte das Dreh-

»Der Bär stand, als ich erstaunt vor ihn trat, auf den Hinterfüßen ... die rechte Tatze schlagfertig erhoben, und sah mir ins Auge: das war seine Fechterpositur. ›... Stoßen Sie! Stoßen Sie!‹ sagte Hr. v. G..., ›und versuchen Sie, ob Sie ihm eins beibringen können! Ich fiel, da ich mich ein wenig von meinem Erstaunen erholt hatte, mit dem Rapier auf ihn aus; der Bär machte eine ganz kurze Bewegung mit der Tatze und parierte den Stoß. Ich versuchte ihn durch Finten zu verführen; der Bär rührte sich nicht. Ich fiel wieder, mit einer augenblicklichen Gewandtheit, auf ihn aus, eines Menschen Brust würde ich ohnfehlbar getroffen haben: der Bär machte eine ganz kurze Bewegung mit der Tatze und parierte den Stoß... Mir triefte der Schweiß: umsonst! Nicht bloß, daß der Bär, wie der erste Fechter der Welt, alle meine Stöße parierte; auf Finten (was ihm kein Fechter der Welt nachmacht) ging er gar nicht einmal ein: Aug' in Auge, als ob er meine Seele darin lesen könnte, stand er, die Tatze schlagfertig erhoben, und wenn meine Stöße nicht ernsthaft gemeint waren, so rührte er sich nicht.«
(Heinrich von Kleist, Über das Marionettentheater, Berliner Abendblätter 1810)

moment des starken und mit der ganzen Masse sich um sich selber drehenden Motors durch das Komma von Seitenleitwerk ausgeglichen werden. Die Geschichte hat die Flüche der Piloten verschluckt, wenn im Landeanflug das Flugzeug ausscherte und sich im Beiseitetreiben durch nichts aufhalten ließ. Es war sehr schwierig, die Richtung zu halten, nach dem Aufsetzen genügte ein Karnickelloch, und man stand auf dem Kopf.

Richthofen, der nur mit Mühe fliegen lernte, der durch die Pilotenprüfung fiel, beim ersten Alleinflug Bruch machte (67) und sich auch später sehr störrisch gegen das Erlernen aller seiner Ansicht nach überflüssiger Manöver zeigte, hat eine große Ähnlichkeit mit dem fechtenden Bären in Heinrich von Kleists »Marionettentheater«. Den schwierigen Fokker-Dreidecker beherrschte er zuletzt meisterhaft.

»Wer von ihm sagte, daß er ein Raubtier herrlichster Klasse sei, gebrauchte zwar einen etwas literarischen Vergleich, aber in einem gewissen edelsten Sinne traf das zu.«
(Bodenschatz, a. a. O. 77)

»Wir waren fünf, der Gegner war dreimal so stark. Wie ein großer Mückenschwarm flogen die Engländer durcheinander. So einen Schwarm, der so gut zusammenfliegt, zum Zersprengen zu bringen, ist nicht leicht, für den einzelnen ausgeschlossen, für mehrere äußerst schwierig, besonders, wenn die Zahlenunterschiede so ungünstig sind wie in unserem Falle. Aber man fühlt sich dem Gegner derartig überlegen, daß man keinen Augenblick an dem sicheren Erfolg zweifelt. Der Angriffsgeist, also die Offensive, ist die Hauptsache, wie überall, so auch in der Luft. Aber der Gegner dachte ebenso. Kaum sah er uns, so machte er umgehend kehrt und griff uns an. Da hieß es für uns fünf Männeken: Aufgepaßt! Hängt einer ab, so kann es ihm dreckig gehen. Wir schlossen uns ebenfalls zusammen und ließen die Herren etwas nähertreten. Ich paßte auf, ob nicht einer von den Brüdern sich etwas von den andern absentierte. Da – einer ist so dumm. Ich kann ihn erreichen. ›Du bist ein verlorenes Kind.‹ Auf ihn mit Gebrüll!« (114)

Zur Jagdweise und zur Symbolik
der Farben

Sie ist uralt und hat die Technik der Hyäne.
Ihrem Ruf entgegen sind diese Tiere keineswegs
feige. Wenn man ihre Eigenschaften mit
menschlichen Verhaltensweisen vergleichen
darf, so müßte man die Tüpfelhyäne (crocuta
crocuta) aristokratisch nennen. In der Minderheit greifen sie eine Herde (Gnus, Antilopen,
sogar Zebras) an, die sich sofort zusammen-
schließt. Das Jagdziel ist, die Herde zu sprengen,
ein schwaches Stück abzutreiben, zu disgregie-
ren, zu isolieren, sich zuzuspielen, um auf diese
Weise die Unterlegenheit umzudrehen. Hyänen
profitieren von der Unbeweglichkeit der Herde,
die für gewöhnlich außerstande, oft nicht einmal willens ist, dem abgedrängten Tier zu Hilfe
zu kommen. Der Herde macht der Verlust
einiger Exemplare nichts, wohl aber den Hyänen, sie setzen im Angriff ihr Leben aufs Spiel,
und das ist aristokratisch, – vor allem, wenn
man sich doch wieder dem menschlichen Bereich nähert, sich auch auf der Gegenseite
gleichwertige Gegner, Hyänen, vorstellen muß.
Richthofen kennt die Disgregationsangst nicht,
unter ihr leiden aber andere Piloten, wie z. B.
Cecil Lewis, und so sei hier ein kleiner Exkurs
erlaubt:

»Wenn einer von den alten Kämpen ... hopps ging,
bekam man plötzlich kalte Füße. Niemand war also
sicher – nicht einmal man selbst. In diesem Stadium
bedurfte es allen verfügbaren Mutes, um durchzuhal-
ten – eines sturen Fatalismus, einer blinden Entschlossenheit, einer kaltblütigen Willensanstren-
gung. *Und dabei immer mit sich allein!* Keine
Freunde rechts und links zur Seite, *keinen moralischen Halt in einer Gemeinschaft.* Sicherlich war die
arme beschissene Infanterie trostlos genug daran,
aber im Augenblick der größten Not hatte doch jeder
wenigstens seinen Nebenmann, der ihn ermutigen
und ihm beistehen konnte.«
(Cecil Lewis, a. a. O. 65, Hervorhebung von F. W. K.)

»Mit einem Satze könnte man das Thema ›Luft-
kampftaktik‹ erledigen, nämlich: ›Ich gehe bis auf 50
m an den Feind von hinten heran, ziele sauber, dann
fällt der Gegner.‹ Das sind die Worte, mit denen mich
Boelcke abfertigte, als ich ihn nach seinem Trick
fragte... Man braucht kein Flugkünstler oder Kunst-
schütze zu sein, sondern nur den Mut zu haben, an
den Gegner bis auf nächste Nähe heranzugehen...
Auf das Fliegen selbst lege ich bedeutend weniger
Wert. Ich habe meine ersten Zwanzig abgeschossen,
als mir das Fliegen noch die größten Schwierigkeiten
bereitete. Ist einer ein Flugkünstler, so schadet es
nichts. Im übrigen ist mir der lieber, der nur linksrum
fliegen kann, aber an den Feind herangeht, als der
Sturz- und Kurvenflieger aus Johannisthal, der dafür
zu vorsichtig angreift... Wir brauchen keine Luft-
akrobaten, sondern Draufgänger.«
(Manfred von Richthofen, Militärisches Vermächtnis,
a. a. O. 26, 24, 25)

318

Wenn die Trennung von der Gruppe (der soziologische Terminus »Gruppe« ist in dieser Hinsicht schon lange verdächtig) als Lebensbedrohung empfunden wird, so ist das ein Zeichen von Kleinmut. Disgregationsangst bei Gefahr ist vor allem eine bürgerliche, bei harmlosen Anlässen eine kleinbürgerliche, ja kindliche Eigenschaft (Festhalten an Mutters Rock). Sie kann, massenhaft verbreitet, durch Rückeinschüchterung der Herde durch sich selbst erzeugt und hoch hinauf induziert werden. Kollektiver Kleinmut als Folge des Kleinmuts vor dem Kollektiv, bei fortbestehendem Hochmut gegenüber anderen Herden, sind die ersten ins Auge fallenden Kennzeichen der Massenmentalität, zu beobachten nicht nur in Ländern, die sich sozialistisch nennen. Als Gruppengeist oder »Loyalität« wird diese Demutsgebärde ideologisch auch noch nobilitiert.

Denn je nach der Art und Weise insinuierter Allgemeinverbindlichkeiten und der Herdenkraft, sie durchzusetzen, erfolgen besondere Triebschicksale, und somit besitzt jede Herrschaftsform den ihr eigentümlichen Gesichtsausdruck (vgl. Bildende Künste).

Die Sicherheit im Schwarm hat Richthofen verachtet, obwohl auch die deutsche Seite durch die große Zahl französischer und englischer Flugzeuge zur Geschwaderbildung gezwungen

»Da eine Masse von 40–50 Flugzeugen sich in der Luft nicht übersehen läßt, ist eine *einheitliche Leitung des ganzen Geschwaders* durch den Kommandeur im Kampfe selbst nicht durchführbar. Seine Aufgabe ist es, sein Geschwader zur gleichen Zeit auf das Schlachtfeld zu führen, es klar zu gliedern und nach der Höhe zu staffeln, das Ziel zu weisen und durch bestimmte Befehle den Zusammenhang des Geschwaders zu sichern; gegenseitige Unterstützung und Zusammenarbeit im weiteren Verlaufe der Luftschlacht wird hierdurch am besten gewährleistet.«
(›Weisungen über den Einsatz von Jagdstaffeln vom 25. Oktober 1917‹, hg. vom Chef des Generalstabes des Feldheeres, 11)

»Boelcke lehrte, ›daß der Jagdflieger sich nicht als Einzelwesen verstehen und persönlichen Erfolgen nachjagen dürfe, daß es seine vornehmste Aufgabe sei, bescheiden hinter seiner Tätigkeit zurückzutreten, sich in die Gesamtheit einzuordnen und in streng militärischem Denken immer zu handeln, wie nicht der persönliche Vorteil, sondern die Gesamtlage und die Bedürfnisse der kämpfenden Erdwaffe es erfordertn.‹« (Zit. b. P. Supf, Das Buch der deutschen Fluggeschichte, a. a. O. 348)

»Durch die Wucht des ersten Angriffs und durch den unbedingten Willen eines jeden, zum Kampf zu kommen, wird das Geschwader auseinandergerissen. Ist dies geglückt, so ist der Abschuß eines Gegners nur noch Einzelkampf... Ich führe Jagdstaffel 11 am liebsten wie das Feld einer Reitjagd...«
(Manfred von Richthofen, Militärisches Vermächtnis, a. a. O. 16, 15)

wurde. Aber beim Geschwaderfliegen ist eigentlich nie mehr herausgekommen als das organisierte Chaos des Durcheinanderfliegens und Rammens. Im Grunde ist Richthofen Einzeljäger, und mit dem Ende des Alleingangs ist seine Sache eigentlich vorbei. Das Herumziehen des Richthofen-Zirkus entspricht dem Einsatz von Ritterheeren, die ja auch erst dann aufkommen, als die Zeit der Ritter und damit auch der Ritterlichkeit vorbei war.

Sein »Militärisches Vermächtnis« zeigt demnach nicht einmal den Versuch, einen Kompromiß zwischen seiner individuell-ritterlichen und einer bürgerlich-herdenmäßigen Kriegskonzeption zu schließen. In diesem Punkt scheint er von Boelckes Auffassungen abzuweichen, so sehr er auch die innere Einstellung billigte. Theorie und Praxis des Luftkampfes waren jedoch wie Vorsatz und Übertretung. Nach der Erfahrung wilden Durcheinanderfliegens – »Dog-Fighting« nannten es die Engländer, »Mêlée« die Franzosen – hält er von einem Zusammenspiel der Staffel und von der Integration des Staffelführers wenig. Im entscheidenden Augenblick gibt er die Staffel für Einzelkämpfe frei und exponiert den Staffelführer bis zur Exhibition.

Den Angriff führt er selbst, tief unten, in einer leuchtend roten Maschine. Die Selbstauszeich-

»Trug nicht Dietrich von Bern einen feuerroten
Schild?«
(Kunigunde v. R. a. a. O. 97)

»Die rote Farbe bedeutete eine gewisse Anmaßung.
Das wußte jeder. Man fiel auf damit. Folglich mußte
man schon etwas leisten... Meines Bruders Kiste war
knallrot. Jeder von uns anderen hatte noch einige
Merkmale in anderen Farben. Da man sich in der Luft
ja nicht gegenseitig ins Gesicht sehen kann, hatten
wir diese Farben als Erkennungszeichen gewählt.
Schäfer hatte zum Beispiel Höhensteuer, Seitensteuer
und etwas vom hinteren Rumpf schwarz, Allmenröder dasselbe in Weiß, Wolff grün und ich gelb. Als
gelber Dragoner war das für mich die gegebene Farbe.
So hatte jeder eine verschiedene. In der Luft erschien
dann der ganze Apparat, sowohl von der Erde aus wie
auch vom Feinde gesehen rot, da ja nur kleine andere
Teile in anderer Farbe angemalt waren... Nun wird
sich mancher fragen: Wie kommt der Rittmeister
Richthofen überhaupt bloß dazu, seine Kiste *rot*
anzustreichen? Die Franzosen bezeichneten dies in
einem Artikel als kindisch. Der Grund ist anderswo
zu suchen. Als Manfred bei der Jagdstaffel Boelcke
anfing seine ersten Erfolge zu erringen, ärgerte er sich
darüber, daß ihn die Feinde im Luftkampf viel zu früh
sahen. Er versuchte sich durch verschiedene Farben
möglichst unsichtbar zu machen. So strich er sich
unter anderem erdfarben an... Manfred mußte zu
seiner Betrübnis merken, daß seine Farbe nichts
nützte. Es gibt eben für den Flieger keine Tarnkappe,
mit der er sich unsichtbar machen könnte. Um dann
wenigstens in der Luft von seinen Kameraden als
Führerflugzeug immer erkannt zu werden, wählte er

nung Richthofens – sein Flugzeug ist vollkommen rot, während die seiner Staffelkameraden sich ein wenig unterscheiden – entspricht der »Primus-inter-pares«-Stellung des König Artus in seiner Runde und ist heraldisch zu nehmen. Die Farben signalisieren kein Imponiergehabe, sondern höfischen Mut, Freund wie Feind »ins Bild zu setzen«. Dies Entgegenkommen ist sehr alt und, wie viele Tugenden des Mittelalters, fast vergessen. Es bedeutet, den Gegner durch den eigenen Schmuck zu ehren und ihn möglichst rasch zu orientieren, mit wem er es zu tun hat. Mittelalterlich ist die Rangsymbolik auch noch darin, daß die rote Grundfarbe keinesfalls ein Zeichen des Gruppenprestiges (wie etwa Hoheitszeichen) ist, sondern ein persönlich verliehenes Privileg, an der eigenen Auszeichnung teilzuhaben. Gesprochen wird darüber nicht. Er sagt nichts, verbirgt nichts, aber er deutet an.

Abgesehen von einem gewissen Mangel an Phantasie, der seiner Jagdfliegerei nur zugutekam, war Richthofen keineswegs phlegmatisch, gefühlskalt oder unsensibel, er war selbstbeherrscht, geradezu overstrained. Doch diese Eigenschaft, die so selbstverständlich schien, daß sie gar nicht erwähnt wurde, war ihm keineswegs in den Schoß gefallen. Er hat sie sich mühsam erarbeitet. Belegt wird sie durch eine gewisse Gezwungenheit in seinem Wesen, die

die leuchtend rote Farbe. Später wurde die rote
Maschine auch bei den Engländern bekannt. ›Le petit
rouge‹ und andere Namen wurden ihr beigelegt. Dann
wurde behauptet, eine ›Jeanne d'Arc‹ oder eine ähnliche Frau säße darin ...«
(Lothar von Richthofen, a. a. O. Ausg. 1933, 207, 208)

»Richthofen, mit dem ich sehr gut befreundet wurde,
war von den andern beiden ganz verschieden. Er besaß
nicht das fliegerische Unterbewußtsein wie Boelcke
und Immelmann; er lernte nur schwer fliegen ... und
meisterte das Flugzeug schließlich allein durch reine
Willenskraft ... Als Preuße und Sproß eines altadeli-
gen Geschlechts war er der typische junge Edel-
mann ... Während aber viele Piloten mit unbewuß-
tem Mut – der seine besondere Größe hat – flogen,
flog Richthofen mit dem Gehirn und nutzte seine
Fähigkeit aus. Er analysierte jedes einzige Problem
des Luftkampfes und reduzierte den Einfluß des
Zufalls auf das geringste Maß ... Ich glaube, einer der
Gründe, daß Richthofen so lange am Leben blieb, war,
daß er beim Angriff nicht die Selbstbeherrschung
verlor. Richthofen kämpfte in dicht aufgeschlossener
Formation und erst im Höhepunkt des Gefechts,
wenn die ganze Luft voll war von durcheinander
wirbelnden Flugzeugen, löste er die Formation auf
und überließ es jedem, für sich selbst zu sorgen ...
Man brachte ihm vielleicht weniger Liebe als Bewun-
derung entgegen, aber der Respekt, den jeder andere
Flieger vor ihm hatte, kannte keine Grenzen.

Obwohl er stolz war, machte es ihm kein Vergnügen,
wenn man viel von seinen Taten redete. Er bekam

von vielen Zeugen beobachtet wurde und besonders in seinen Handlungen erkennbar ist (z. B. in
seinem ›mechanischen‹ Fliegen).

Den heutigen Leser, der eine solche Selbstbeherrschung nicht mehr gewohnt ist, verblüfft
die Vorstellung, daß sich Richthofen über seine
Willenskraft wahrscheinlich keine Gedanken
gemacht hat. Die Selbstbeherrschung war einfach da, wurde erwartet, war viel älter als er
selbst, so daß die Kunst nur – nur! – war, sie
nicht zu zeigen, offen, liebenswürdig, höflich
noch im Chaos zu sein.

Er verfügt über Eigenschaften, die am Hofe
Wilhelm II. schon ausgestorben waren. Weder
renommiert er mit Namen und Verbindungen,
noch verspürt man bei ihm den unangenehmen
Eindruck, den man aus anderen Offiziersme-
moiren dieser Zeit empfängt: das outrierte
Fühlen und Betasten jener Einbildung, daß man
in den besseren Teil der Menschheit geboren sei.
Er ist höflich, auch wenn er schreibt, daß er
keinen Pardon mehr gibt. Wie man von seiner
Mutter weiß, kommen ausführliche Berichte
über den Tod seiner Staffelkameraden stets von
ihm. Solche Briefe sind nicht einfach zu schreiben, und unübersehbar ist, daß er sehr lange
daran denkt, wie er es den Müttern beibringen
soll. Er wäre wohl am liebsten bei seinen
Pferden und auf dem Hochsitz geblieben, und

Briefe tonnenweise von allen möglichen Leuten, darunter natürlich auch Liebesbriefe, die er unbeachtet ließ. Wenn er dabei war, artete die Geselligkeit niemals aus, denn die anderen Flieger fühlten sich in der Gegenwart ihres Führers unter einem gewissen Zwang.«

(A. Fokker, a. a. O. 256, 263, 264)

sein Jagdfieber wäre in normaler Zeit durch die Aufgaben eines Gutsherrn gemildert worden. So aber reißt ihn der Krieg aus seiner Gutartigkeit heraus und nimmt ihn bei der Jagd. Das gibt einen gefährlichen Gegner, der kaum noch gegen seine Kultur, schon gar nicht gegen seine Natur handeln darf.

Aber er verfällt. Auf dem letzten Bild sieht er aus wie ein fünfzigjähriger Mann. Sein Ruhebedürfnis, der Wunsch, sich in den Wald zurückzuziehen und zu jagen (nur Reiten, Fliegen, Jagen und Schießen kann der Mann, es ist wie ein Zwang, wenn man entweder nichts anderes oder nicht mehr ein noch aus weiß), zeigt wohl beides, die leeren Gewohnheiten und die Verzweiflung. Seine aussterbende Tugend, anstelle der Sicherheit im Schwarm die dauernde Erprobung im Einzelkampf auf sich zu nehmen, macht am Ende süchtig und vielleicht unvorsichtig. In Trance muß er umgekommen sein, denn er warf seine eigenen Anweisungen über Bord, als er am 21. April 1918 einen Gegner bei Ostwind bis in den Bereich der Boden-MG verfolgte. Die näheren Umstände seines Todes sind bis heute umstritten (vgl. P. J. Carisella und J. W. Ryan, »Wie Richthofen fiel«, München 1977), und der folgende Bericht erhebt keinen Anspruch auf historische Wahrheit. Mit größerer Wahrscheinlichkeit ist Richthofen vom Boden aus getroffen worden. Das einzige Beweisstück zur Klärung,

Vor dem letzten Flug

die Kugel, die der Sanitäter Eduard McCarty noch in Richthofens Brieftasche steckend fand und an sich nahm, ging 1935 verloren.

Das Ende

A. Roy Brown, kanadischer Fliegerhauptmann, dessen Kugel Manfred von Richthofen getötet haben soll, hat über den Luftkampf, den er mit Manfred von Richthofen hatte, folgendes erzählt:

»Ich hatte einen Freund, ... der jetzt mit mir zusammen im selben Geschwader stand. Das war Captain May, und wir beiden waren wirklich gute Freunde. Am Sonntagvormittag, dem 21. April 1918, waren wir zusammen in der Luft. Auf dem Heimweg stießen wir auf eine Anzahl feindlicher Flieger. Wir gerieten in einen Kampf, und ich will es von vornherein sagen, daß ich nach wenigen Sekunden die Hoffnung aufgegeben hatte, aus diesem Gefecht jemals lebendig herauszukommen. Immer aber sah ich zu meinem Freunde Captain May hinüber, und mein Herz klopfte vor Freude trotz aller Bedrängnis, als ich sah, daß es May gelang, einen deutschen Flieger abzuschießen. May drehte sofort nach seinem Sieg um, um nach Hause zu fliegen. Ich hatte ihm das ans Herz gelegt, weil er ein Neuling war und weil ihn ein Kampf so mitnehmen mußte, daß es keinen Zweck hatte, danach noch lange in der Luft zu bleiben. In dem

Augenblick aber, wie er davon schoß, sah ich, wie ein rotes Flugzeug sich auf ihn warf. Da wurde mir übel zumute. Aber als ich mich daranmachen wollte, um ihm zu Hilfe zu kommen, da mußte ich selbst um mein Leben kämpfen, denn drei Flieger kamen auf mich los, um mich zu erdrücken, ich stand im Kreuzfeuer ihrer Gewehre. Kein Ausweg! Jedenfalls wollte ich es für sie so ungemütlich wie möglich machen! So, nur Ruhe! Ich kann mich nicht erinnern, Furcht gehabt zu haben. Sollte es das Ende sein, gut, dann wenigstens am Führersitz meiner alten Maschine! Ich begann zu manövrieren. Schoß bald hier-, bald dorthin, überschlug mich, spiralte, zickzackte, nur kein festes Ziel bieten! Ich versuchte jeden Trick, den ich kannte, einiges war mir selbst neu, hatte es nie vorher versucht. Leise wurde in mir der Gedanke wach, sie in einen Zusammenstoß zu verwickeln. Ich ließ sie gerade auf mich loskommen, dann machte ich einen ›Immelmann‹, nach oben, dann zurück. Unter ihnen kam ich wieder zum Vorschein. Gerade konnte ich sehen, wie zwei von ihnen um Haaresbreite aneinander vorbeischossen. Fast wäre der dritte gefaßt worden, hätte er nicht einen großen Bogen gemacht.

Ich hatte Zeit, Atem zu holen. Während sie sich aufrichteten, versuchte ich, mich in die Höhe zu schrauben. Jetzt drehten sie und kamen wieder auf mich los. Ich hielt meinen Kurs, bis sie fast mit mir zusammenstießen, dann kippte ich nach der Seite und lag nun flach unter ihnen. Wieder entgingen sie knapp dem Zusammenstoß. Mit aller Gewalt versuchte ich, Höhe zu gewinnen. Beim Aufrichten verloren sie mich aus den Augen.

Mein erster Gedanke: wo ist May? Angstvoll suchte ich den Himmel nach ihm ab, hoffend, ihn noch lebendig zu sehen. Endlich entdeckte ich ihn, in der Richtung auf Corbie, nördlich von mir, nach Hause fliegend.

Dann bemerkte ich, daß er verfolgt wurde. Aus dem Dunst heraus schoß ein leuchtend rotes Flugzeug hinter ihm her, in so vorteilhafter Stellung, die leicht zum Verhängnis werden konnte. Ich schraubte mich weiter hoch, um eventuell May schnelle Hilfe zu bringen. Er versuchte zu entkommen, schwenkte jetzt hierhin, jetzt dorthin, zickzackte, doch der Rote blieb unentwegt rechts hinter ihm. Sie glichen zwei Riesenhornissen, die einander jagten, vorwärts, seitwärts, wieder herum. Sie machten alle Bewegungen gemeinsam. Jede Schwenkung Mays wurde von seinem Gegner wiederholt. Noch schien May ihm nicht unterlegen zu sein. Doch bald sah ich, wie der Deutsche an Zwischenraum gewann. Er gab alle Manöver auf, flog in gerader Linie. Er verringerte seinen Abstand zusehends. May war noch im Vorteil,

gelang es ihm, sein Tempo beizubehalten ...
Plötzlich wurde mir klar, daß er in der Falle saß.
Er hatte alle Kunststücke, die er kannte, versucht, er war am Ende seines Witzes. Der rote
Flieger war kaum noch 100 Fuß entfernt und lag
auf der gleichen Ebene wie May; jeden Augenblick konnte er das Feuer eröffnen. Zum Glück
hatte ich inzwischen dreitausend Fuß erreicht.
Ich schwenkte scharf herum, drehte, richtete
mich auf und dann, Kopf voran, schoß ich auf
das Schwanzende des Roten zu.

Ich hatte alle Trümpfe in der Hand. War über
ihm und kam von hinten. May drehte und wand
sich wie ein Fisch in der Angel. Der ›Rote‹
machte sich daran, seine erste Salve anzubringen, als der Moment für mich gekommen war!
May hatte es aufgegeben. ›Das Ende‹, dachte er
und setzte sich zurecht, den Todesstreich zu
empfangen. Da hörte er mein M.G. Er blickte
über die Schulter. ›Gottlob, Brownie!‹

Als er sich wieder umsah, war der ›Rote‹ verschwunden, über den Rand seines Flugzeugs sah
er, wie er tief unten auf die Erde aufschlug.

Richthofens Ende war genau wie das seiner
meisten Opfer. Er war überrascht worden, er war
tot, noch bevor er sich von der Überraschung
hatte erholen können.
Alles hatte sich so zufällig, so einfach abge-

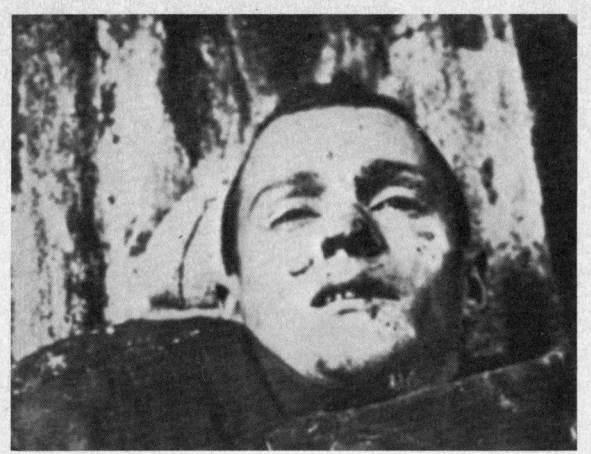
Aufnahme des Royal Flying Corps

»Der Anblick Richthofens, als ich näher trat, gab mir
einen Schreck. Er erschien mir so klein, so zierlich. Er
sah so freundlich aus, seine Füße waren schmal wie
die einer Frau. Sie steckten in feinen Ulanenstiefeln,
glänzend poliert. Eine Eleganz ging von ihnen aus, die
gar nicht paßte, als sie so unter dem rauhen Fliegeran-
zug hervorschauten.
Man hatte seine Kappe entfernt, blondes, seidenwei-
ches Haar, wie das eines Kindes, fiel von der breiten,
hohen Stirn. Sein Gesicht, besonders friedlich, hatte
einen Ausdruck von Milde und Güte, von Vornehm-
heit.

spielt. Ich war herabgekommen, bis mein Vor-
derteil über seinem Schwanzende stand, dann
feuerte ich. Die Kugeln rissen sein Höhensteuer
fort und zerfetzten den hinteren Teil des Flugzeuges. Flammen zeigten, wo die Kugeln ein-
schlugen.

Zu kurz gezielt! Ganz sachte zog ich am Steuer
... ich hob mich ein wenig, Kriegsschulübung,
jetzt kann man's. Eine volle Salve riß die Seite
des Flugzeugs auf. Sein Führer drehte sich um
und blickte auf. Ich sah das Aufleuchten seiner
Augen hinter den großen Gläsern, dann fiel er
zusammen auf den Sitz, Kugeln pfiffen um ihn.
Ich stellte das Feuer ein.

Richthofen war tot. Es spielte sich alles in
Sekunden ab, schneller als man es erzählen
kann. Sein Flugzeug schütterte, schwankte,
überschlug sich und stürzte in die Tiefe.‹«
(Roy Brown, a. a. O. Ausg. 1933, 242–246).

* * *

In den Augen seiner Feinde ist Richthofen kein
Berserker, sondern eher eine neue »Jeanne
d'Arc« (130). Und entsprechend beschreibt auch
Capt. Roy Brown die Leiche Richthofens. Es ist
ein Mädchen.

Dies scheint keineswegs eine erotische Umbe-
setzung, Sexualisierung des Toten zu sein, eher
ein Heimholen des »outlaw« unter ein Gesetz,
mit dem man auf einmal nicht mehr glücklich
ist. Man beobachtet in der Literatur oft die

Und plötzlich fühlte ich mich elend, unglücklich, als hätte ich ein Unrecht begangen. Kein Gefühl der Freude konnte aufkommen, daß dort Richthofen lag, der größte von allen! Schamgefühl, eine Art Ärger gegen mich selbst ergriff mich bei dem Gedanken, daß ich ihn gezwungen, nun dort zu liegen, so ruhig, so friedvoll, ohne Leben. Diesen Menschen, der noch vor kurzem so voller Leben gewesen war.

Und in meinem Herzen verfluchte ich den Zwang, der zum Töten trieb, ich knirschte mit den Zähnen, ich verfluchte den Krieg!

Hätte ich es gekonnt, wie gerne hätte ich ihn ins Leben zurückgerufen... Ich konnte ihm nicht länger ins Gesicht sehen... Ich ging weg, nicht als Sieger fühlte ich mich. Ein Würgen saß mir in der Kehle... Wäre es mein liebster Freund gewesen, ich hätte keinen größeren Schmerz empfinden können...«

(Roy Brown, a. a. O. Ausg. 1933, 249, 250)

Feminisierung des Freischützen oder die Virilisierung der Frau. Das sogenannte Umkehrerlebnis, das stets mit der Klischierung des Feindes als des allerliebsten Freundes beginnt und mit einer Haßtirade auf den Krieg endet, war in der beginnenden Erschöpfung ab 1916 sehr verbreitet, ist eigentlich auch eine Konstante menschlichen Verhaltens. Der Krieg ruft sich als allgemeines Fatum immer dann in Erinnerung, wenn er als Alibi für eine persönliche Tat herhalten muß. Dabei ist es gleichgültig, ob der Täter sie bedauert oder stolz darauf ist.

Der Rollentausch scheint hier die Maske zu sein, die der Sieger dem Unterlegenen aufzieht, um die ihm verweigerte Tötungshemmung vor dem Toten nachzuholen. Capt. Roy Brown läßt seinem vorübergehend suspendierten Instinkt nachträglich sein Recht zukommen. Dies bedeutet nämlich, einem unbewußten seelischen Trick zu folgen: durch Umsexualisierung die Tötung quitt zu machen. Richthofens ehemalige Aggression polt sich in Schutzbedürftigkeit, ja »Milde« um. Der Täter produziert und empfindet schließlich Reue.

Der wirkliche Richthofen verhielt sich im ähnlichen Fall völlig unsentimental. Er löst eine solche weiche Anwandlung phantasielos durch einen Stilbruch.

»Meinem in Ehren gefallenen Gegner setzte ich zum Andenken einen Stein auf sein schönes Grab.« (93)

»Ein hohes, tiefes Zelt war ausgeräumt worden, und in der Mitte dieses Zeltes, auf einem erhöhten Podest, lag die Leiche Manfreds von Richthofen in der Uniform der I. Ulanen, die er getragen hatte, als ihn das schwarze Los aus seinem Leben riß ... Um fünf Uhr am Nachmittag erschollen in der Umgebung des Zeltes militärische Kommandos. Zwölf englische Soldaten, den Stahlhelm auf dem Kopf, marschierten unter Führung eines Offiziers heran und bildeten vor dem Zelt Spalier. Sechs englische Fliegeroffiziere, alles Geschwaderführer, die sich vor dem Feinde ausgezeichnet hatten, traten ins Zelt und hoben den Sarg, in dem der Tote lag, auf die Schultern. Als sie aus dem Zelt heraustraten, erscholl ein Kommando. Die Truppe, die im Spalier aufgestellt war, präsentierte das Gewehr, und so trugen die englischen Offiziere den toten feindlichen Kameraden bis zu einem Kraftwagen, der sich langsam in Bewegung setzte.

So ging der Zug bis zum Eingang eines kleinen Kriegerfriedhofes. Hier am Tor stand, das Chorhemd über der mit dem englischen Kriegskreuz geschmückten Khaki-Uniform, der englische Geistliche. Dem Sarge folgten die zwölf Mann der Trauerparade, sie hatten die Augen zu Boden gesenkt und trugen das Gewehr mit nach unten gerichtetem Lauf unter dem Arm. Und dann kamen englische Offiziere und Unteroffiziere, unter ihnen allein fünfzig Flieger, die in der Nähe lagen, und sie gingen alle schweigend und mit zu Boden gesenkten Blicken hinter dem Sarge her. Die Flieger waren alle herbeigeeilt, um dem tapferen und vornehmen Feinde die letzte Ehre zu erweisen. Sie hatten Kränze mitgebracht, sie hatten sie aus Immortellen gewunden und mit den deutschen Far-

Es gibt offenbar nicht nur ein physisches, sondern auch ideelles Reinwaschen des Toten, womit man ihm noch einmal Gewalt, nämlich die einer verfälschenden Interpretation antut, und diese Verbesserung des Toten – »de mortuis nihil nisi bene« – von seiten der Lebenden, damit wir es nur recht deutlich sagen: der recht froh am Leben Gebliebenen, ist der Grund vieler Heldenmythen. Von Achill bis Richthofen, sie waren immer beides, Draufgänger und doch eine Seele, rauhe Schale und doch innen weich, und ihr größter Erfolg ist der Tod.

Das Begräbniszeremoniell dient also der Restauration des Selbstgefühls, und man nennt das: dem Toten alle Ehren zukommen zu lassen.

ben geschmückt. Diese Kränze lagen jetzt auf dem Sarg. Einer der Offiziere aber trug einen großen Kranz, der die Inschrift hatte: ›Dem Rittmeister von Richthofen, dem tapferen und würdigen Feinde‹, und dieser Kranz war vom Hauptquartier der britischen Luftkräfte geschickt.

Der Geistliche sprach das Totengebet. Offiziere, Unteroffiziere und Mannschaften standen um das Grab, und als der Geistliche geendet hatte, traten sie alle zurück, denn das scharfe Kommando eines englischen Offiziers ließ die Mannschaften der Trauerparade Haltung annehmen und die Gewehrläufe in die Luft reißen. Und dann krachten drei Ehrensalven über das Grab. Auf den Sarg wurde ein Metallschild genagelt, das in deutscher und englischer Sprache die Inschrift trug: ›Hier ruht Rittmeister Manfred Freiherr von Richthofen auf dem Felde der Ehre mit 25 Jahren im Luftkampf am 21. April 1918 gefallen.‹

Flugzeuge mit der dreifarbigen Kokarde kreisten über dem Grab, als der Sarg langsam hinabsank. Dieses Grab liegt nicht weit von Amiens. Eine Weißdornhekke, die immer vom Winde gepeitscht wird, wirft ihren Schatten auf die Stätte...«

(a. a. O. Ausg. 1933, 250–252)

Weitere lieferbare Titel der Reihe KuKu:

Marie Madeleine: Die rote Rose Leidenschaft

Gedichte und Prosa. Ausgewählt von Sibylle Kaldewey. Mit einem Essay von Alfred Kind. Im Anhang: Bei der Braut. Von Alfred Jarry. Und: Das Verbrechen in Tavistock-Square. Von Panizza. (KuKu 1) 254 Seiten, davon 20 Bildseiten. Br. DM 12,80. (ISBN 3-88221-001-X)

Marie Madeleine von Puttkamer:
Schriftstellerin und Morphinistin

Konstanze von Franken: Der gute Ton

Wie benehme ich mich vornehm? Mit 20 Karikaturen von Amédée Varin sowie Agenda für Toilette, Küche und Tafel nebst einem Anhang über etliche Tanztouren. Neu herausgegeben und mit Nachwort von W. Brede. (KuKu 2) 320 Seiten. Br. DM 12,80. (ISBN 3-88221-002-8)

Ein Benimmbuch mit lachmuskelrelaxierender Wirkung

Dr. P. J. Möbius: Über den physiologischen Schwachsinn des Weibes

Faksimiledruck der 8. veränderten Auflage. Statt eines Kommentars: Die Freundinnen. Eine Szene von Lemercier de Neuville sowie drei Gedichte von Helmut Maria Soik. (KuKu 3) 252 Seiten, davon 20 Bildseiten. Br. DM 12,80. (ISBN 3-88221-103-6)

Der SPIEGEL über den Doktor: Pascha des Jahrhunderts

Oskar Panizza: Aus dem Tagebuch eines Hundes

Mit losen Gedanken von Martin Langbein und zahlreichen Abbildungen. (KuKu 5) 248 Seiten Br. DM 12,80. (ISBN 3-88221-005-2)

Dada ist tot. Es lebe Wauwau!

Heimlichkeiten der Männer

Von Doktor Albrecht u. a. Herausgegeben von Rochus Herz. Mit zahlreichen Abbildungen und einem Nachwort von Klaus Theweleit. (KuKu 6) 216 Seiten. Broschur DM 12,80. (ISBN 3-88221-006-0)

Ein Hilfsbuch fürs männliche und weibliche Geschlecht